汉语水平考试(HSK)模拟试题集

HANYU SHUIPING KAOSHI MONI SHITI JI

(基础)

主编　红　尘
编委　田桂文　王德佩　吴叔平

华语教学出版社　北京
SINOLINGUA BEIJING

出版说明

本套《汉语水平考试(HSK)模拟试题集》(包括 HSK 基础、HSK 初中等、HSK 高等三个等级),是由国家对外汉语教学领导小组办公室立项,聘请几位长期从事对外汉语教学、有着丰富教学经验的教授编写而成。考试的每个等级互相衔接,构成了国家级考试——中国汉语水平考试(HSK)的完整体系。凡通过考试,成绩达到规定的等级标准者,由中国国家汉语水平考试委员会统一颁发《汉语水平证书》。

该模拟试题集的编写是根据国家汉语水平考试委员会办公室编制的汉语水平考试大纲规定的常用词汇、常用汉字、常用语法项目进行设计和编排;习题设计紧密结合考生在学习中遇到的难点,有着很强的针对性。

该模拟试题集,采用强化训练的方式,帮助考生加强对汉语主要语言点和基本词汇的正确理解和熟练运用。本书设计的五套试题其形式均与实际考试相吻合,考生在通过大量的习题练习后,定会对试题结构、考试形式有深刻的了解,为应考做好充分准备,胸有成竹地参加考试。

汉语水平考试(HSK)是为母语非汉语者设立的国家级标准化考试,目的是为了测量汉语学习者的汉语语言能力。该考试不以任何特定教材或教程的内容为依据,力求给应试者一个均等、公正、客观的条件,考出真正的汉语水平。

祝你成功!

出版说明

本套《汉语水平考试(HSK)模拟试题集》(包括 HSK 基础、HSK 初中等、HSK 高等三个等级),是由国家对外汉语教学领导小组办公室立项,邀请几位长期从事对外汉语教学、有着丰富教学经验的教授编写而成。套试的每个等级又相衔接,构成了国家级考试——中国汉语水平考试(HSK)的完整体系。凡通过考试,成绩达到规定的参考标准者,由中国国家汉语水平考试委员会颁发一级《汉语水平证书》。

这套模拟试题集的编写,是根据国家汉语水平考试委员会办公室编制的《汉语水平考试大纲规定的常用汉字、常用词汇、常用语法项目进行设计和编排;习题设计紧密结合考生在学习中遇到的难点,有着很强的针对性。

这套模拟试题集,采用强化训练的方式,帮助考生加强对汉语主要语音点和基本词汇的正确理解和熟练运用。本书设计的正套模拟题,形式均与实际考试相吻合,考生在通过大量的习题练习后,定会对试题结构,考试形式有深刻的了解,为应考做好充分准备,胸有成竹地参加考试。

汉语水平考试(HSK)是为学习汉语者设立的国家级标准化考试,目的是为了测量汉语学习者的汉语言能力。考者可不以任何特定教材或教程的内容为依据,为汉语学习者提供一个均等、公正、客观的条件,考出真正的汉语水平预祝成功!

目 录

汉语水平考试(基础)主考用语 ··· (I)

模拟试题

第一套模拟试题
- 一、听力理解 ·· (2)
- 二、语法结构 ·· (10)
- 三、阅读理解 ·· (14)
  - 答题纸 ·· (19)
  - 听力理解录音材料 ·· (20)
  - 参考答案 ·· (25)

第二套模拟试题
- 一、听力理解 ·· (28)
- 二、语法结构 ·· (36)
- 三、阅读理解 ·· (41)
  - 答题纸 ·· (47)
  - 听力理解录音材料 ·· (48)
  - 参考答案 ·· (53)

第三套模拟试题
- 一、听力理解 ·· (56)
- 二、语法结构 ·· (64)
- 三、阅读理解 ·· (68)
  - 答题纸 ·· (74)
  - 听力理解录音材料 ·· (75)
  - 参考答案 ·· (80)

第四套模拟试题
- 一、听力理解 ·· (84)

二、语法结构 …………………………………………（ 92 ）
　　三、阅读理解 …………………………………………（ 96 ）
　　　　答题纸 ………………………………………………（102）
　　　　听力理解录音材料 …………………………………（103）
　　　　参考答案 ……………………………………………（108）

第五套模拟试题
　　一、听力理解 …………………………………………（112）
　　二、语法结构 …………………………………………（120）
　　三、阅读理解 …………………………………………（124）
　　　　答题纸 ………………………………………………（131）
　　　　听力理解录音材料 …………………………………（132）
　　　　参考答案 ……………………………………………（138）

考 生 须 知

中国汉语水平考试[HSK]答卷[基础] ………………………（143）
考生特别注意事项 ……………………………………………（144）
中国汉语水平考试(HSK)说明 ………………………………（145）
基础汉语水平考试[HSK(基础)]介绍 ………………………（153）
《汉语水平证书》的发放和有效期 …………………………（155）
中国汉语水平考试(HSK)国内考点通讯录 …………………（157）
中国汉语水平考试(HSK)海外考点通讯录 …………………（162）

汉语水平考试(基础)主考用语

(一)

朋友们,你们好!欢迎大家参加今天的汉语水平考试。
　　现在我宣布考场纪律:
　　1. 除了准考证、身份证件、手表、铅笔、尺子和橡皮以外,请不要把别的东西放在桌子上。请把准考证、身份证件放在桌子的右上角。
　　2. 考试的时候,不要观看别人的答卷,也不要让别人看你的答卷。
　　3. 请不要随便离开座位,如果有什么事情和问题,请举手。

(二)

现在请监考老师分发试卷和答卷,拿到试卷后,请先不要打开。

(三)

朋友们,我们马上就要开始播放考试说明了。如果哪位听不清楚,请举手。现在请大家戴上耳机。

(四)

朋友们,你们好!
　　欢迎大家参加今天的汉语水平考试,祝各位取得好成绩,谢谢。

(五)

　　汉语水平考试材料有两种:一种是试卷,一种是答卷。答案一定要写在答卷上,不能写在试卷上。

(六)

　　现在请大家填写"汉语水平考试答卷"。
　　请大家参照准考证的式样逐项填写姓名、国籍、性别、考点代号和序号。该画横道的一定要画清楚。请注意,横道一定要画得粗一些,重一些,把括号画满。最后请填写试卷号码,试卷号码在试卷的右上方。

(七)

　　现在,请大家看试卷封面上的"注意事项",一边儿听,一边儿看。

I

(八)

　　汉语水平考试共有三项试题,它们是:1.听力理解;2.语法结构;3.阅读理解。只能在规定的时间里做规定试题,不能提前做,也不能过了时间再回头补做。例如:在做第二部分的时间里,不能提前做第三部分,也不能回头做第一部分。

(九)

　　现在请撕开试卷上的密封条,打开试卷,翻到第一页第一部分,请你一边儿听一边儿答。
　　好,请大家准备好,听力理解考试现在开始。

(十)

　　请大家摘下耳机。现在"语法结构"考试开始,从51题到90题,共40个题,时间40分钟。

(十一)

　　"语法结构"考试还剩5分钟。

(十二)

　　"语法结构"考试结束。现在开始"阅读理解"考试。从91题到140题,共50题,时间60分钟。

(十三)

　　"阅读理解"考试还剩5分钟。

(十四)

　　"阅读理解"考试结束,请大家马上放下笔,不要做题了,合上试卷,看一看自己的名字、国籍、序号等是不是填写得正确。
　　现在请监考老师收取试卷和答卷,请大家坐在原位,在清点试卷和答卷完毕之前,请大家坐好,不要大声说话,不要离开考场。

(十五)

　　我们今天的考试现在结束,大家可以离场了,谢谢大家的合作。

第一套模拟试题

一、听力理解

(50题,约35分钟)

第 一 部 分

说明:1—15题,每一道题,你会听到一句话,在试卷上你会看到 **ABCD** 四张画,请你选出跟这句话内容一致的那一张,并在答卷上画一横道。请注意,这部分试题,每句听两遍。

例如:第2题,你听到:

2. 他正在写信

2. 他正在写信

你在试卷上看到四张画

A  B  C  D

第2题唯一正确的答案是 **C**,你应在答卷上找到号码2,在字母 **C** 上画一横道。

2.〔A〕　〔B〕　■　〔D〕

1. A  B  C  D

2. A 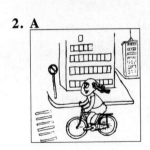 B  C  D

3. A  B  C  D

4. A 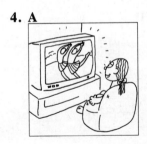 B  C  D

5. A  B  C 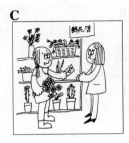 D

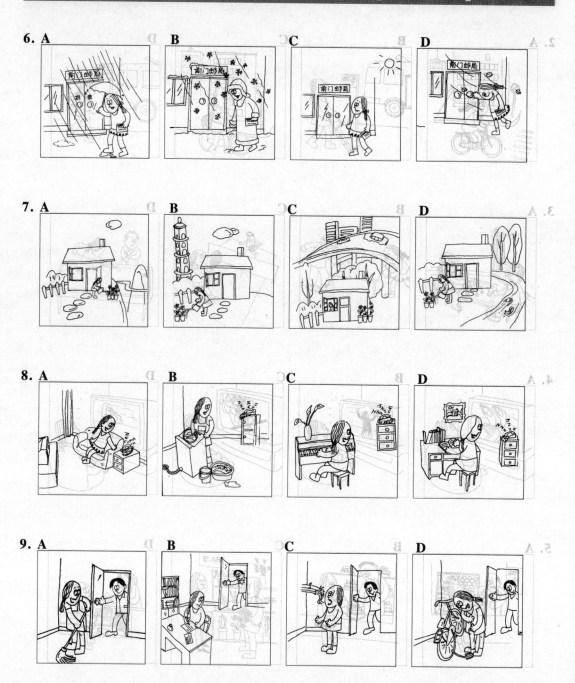

14. A  B  C  D

15. A  B  C  D

第 二 部 分

说明：16—30题，这部分试题，都是一个人问一句话，在试卷上你会看到 **ABCD** 四种回答，其中只有一种是正确的。请你找出它，并在答卷的字母上画一横道。请注意，这部分试题，每个问句听两遍。

例如：第18题，你听到：

　　18. 你从来没有听过这个故事吗？
　　18. 你从来没有听过这个故事吗？

你在试卷上看到四个回答：

　　A. 不讲这个故事
　　B. 不听这个故事
　　C. 从来没有听过
　　D. 故事很好听

第18题正确的回答是 **C**，你应该在答卷上找到号码18，在字母 **C** 上画一横道。

　　18.〔A〕　　〔B〕　　■　　〔D〕

16. A．我们要过几天去
    B．我们不到那儿去
    C．我们已经买好票了
    D．我们昨天参观过了

17. A．她没听见什么
    B．她一点都不忙
    C．她自己都能解决
    D．她打算去帮助别人

18. A．我没听到新闻
    B．吃过晚饭
    C．今天晚上七点
    D．我天天晚上看半个小时

19. A．会议的情况是朋友告诉我的
    B．座谈会上有我朋友的发言
    C．没人通知我
    D．我是从报纸上看到的

20. A．我对骑马感兴趣
    B．我买了一辆自行车
    C．我想试一试
    D．我骑得非常好

21. A．我家没有中国人
    B．昨天已经来过了
    C．找不到地方
    D．他们去过我的办公室

22. A．我在办公室等你
    B．我要去咖啡厅见客人
    C．我没见到你
    D．刚到银行去了

23. A．马上去退票
    B．坐火车去
    C．到上海只要一个多小时
    D．明天去买飞机票

24. A．还不晚
    B．参加婚礼的人都走了
    C．婚礼是前天举行的
    D．决定不了

25. A．上饭馆很方便
    B．有一条刚修好的新路
    C．刚有修路的计划
    D．去长城照相

26. A．是汽车
    B．是自行车
    C．是手推车
    D．是三轮车

27. A．他的手提包挂在墙上
    B．桌子上全都是书
    C．小李的桌子上有个别人的手提包
    D．桌子上只有一副手套

28. A．明天上午我们去医院检查身体
    B．十点开始
    C．每天上午九点营业
    D．上午八点去旅行

29. A．爱坐着听音乐
    B．喜欢躺着看报
    C．为了等女朋友的电话
    D．不习惯坐着

30. A．他不想住在那儿
    B．住了几天就走了
    C．在那儿见到了他
    D．他病得很厉害

第 三 部 分

说明:31—50题,这部分试题是两个人的对话或一段话,第三个人根据对话或那段话问一个或几个问题,每个问题都有 **ABCD** 四种答案,请选出唯一正确的答案。请注意,这部分试题只听一遍。

例如:第35题,你听到:

35.女:小王现在在哪儿?
男:我找过他,哪儿都没找到。
问:根据对话可以知道什么?

你在试卷上看到四个答案:

A.男的刚见过小王
B.男的没找着小王
C.小王哪儿都没去
D.男的没去找小王

第35题唯一正确的答案是 **B**,你应该在答卷上找到号码35,在字母 **B** 上画一横道。

35.〔A〕　　〔C〕　〔D〕

31. A. 女的不同意
    B. 猜得非常准确
    C. 还让男的说一遍
    D. 一点儿都听不出来

32. A. 女的很想参加舞会
    B. 男的不参加
    C. 参加不参加都可以
    D. 要商量一下

33. A. 考试太难了
    B. 男的对考试很有信心
    C. 女的对考试没有信心
    D. 考得不好没有关系

34. A. 说小王有很多爱好
    B. 小王写的小说很受欢迎
    C. 写小说很容易

    D. 要给小王发奖

35. A. 电梯不经常坏,只是这一次
    B. 电梯常坏
    C. 电梯没有什么毛病
    D. 有人要去医院看病

36. A. 正在下大雪
    B. 希望下雪
    C. 天气不会有大的变化
    D. 现在的天气非常好

37. A. 想给好朋友送吃的礼物
    B. 商量怎么给朋友过生日
    C. 商量怎么给朋友送结婚礼物
    D. 商量参加比赛的事

38. A. 这儿和那儿的环境都好
    B. 这儿的环境比那儿的好

C. 那儿很热闹
D. 这儿一点也不好

39. A. 在谈排球
    B. 在谈乒乓球
    C. 在谈足球
    D. 在谈篮球

40. A. 她不想说
    B. 她看不见
    C. 她知道结果
    D. 她不知道结果

41. A. 一定要回家去
    B. 非去咖啡厅不可
    C. 去哪儿都可以
    D. 要去邮局

42. A. 一定要同意
    B. 女的理解错了
    C. 女的理解得很对
    D. 男的坚决反对

43. A. 一点都不想尝
    B. 只要尝一种水果
    C. 几种都可以尝一点
    D. 希望吃很多水果

44. A. 她完全不明白
    B. 她明白是什么意思
    C. 她要再听一遍

D. 她要找翻译

45. A. 他知道哪天去长城
    B. 他不太清楚
    C. 他不知道去长城这件事
    D. 他马上向别人打听

46. A. 半个小时赶不到机场
    B. 等飞机的旅客很多
    C. 半个小时可以赶到
    D. 想去火车站

47. A. 正在修理自己的房子
    B. 准备自己结婚的事
    C. 帮助别人布置新房
    D. 忙着给别人修理房子

48. A. 新年结婚
    B. 哪一天还没决定
    C. 家里人要他节日结婚
    D. 已经决定，但是不告诉别人

49. A. 亲戚朋友给的
    B. 全部是父母给的
    C. 全部是自己准备的
    D. 自己准备一些，父母也给一些

50. A. 不想照顾父母
    B. 离开父母去外地工作
    C. 不跟父母住，但是可以照顾父母
    D. 还是跟父母住在一起

二、语法结构

（40题，40分钟）

第 一 部 分

说明：51—70题，每个题里都有 **ABCD** 四个句子，请你找出唯一正确的句子。

例如：53. A. 电话修好了已经

B. 已经电话修好了

C. 电话已经修好了

D. 修好了电话已经

这个题正确的句子是 **C**，请在答卷上找到号码 53，在字母 **C** 上画一横道。

53.〔A〕　〔B〕　■　〔D〕

51. A. 我朋友生日礼物送给我
    B. 生日礼物我朋友送给我
    C. 我朋友送给生日礼物我
    D. 我朋友送给我生日礼物

52. A. 我把他的衣服弄脏了
    B. 把他的衣服我弄脏了
    C. 我弄脏了把他的衣服
    D. 他的衣服把我弄脏了

53. A. 从楼上他下来了我看见
    B. 他从楼上下来了我看见
    C. 我看见他从楼上下来了
    D. 我看见从楼上他下来了

54. A. 我什么也顾不上今天忙得
    B. 我忙得什么也顾不上今天
    C. 今天我忙得也顾不上什么
    D. 今天我忙得什么也顾不上

55. A. 你为什么不给我打电话
    B. 为什么给我你不打电话
    C. 给我你不打电话为什么
    D. 不打电话为什么你给我

56. A. 暖和得多那儿比这儿
    B. 那儿比这儿暖和得多
    C. 那儿暖和得多比这儿
    D. 比这儿那儿暖和得多

57. A. 她让我找了半天
    B. 她找了半天让我
    C. 她半天让我找了
    D. 让我她找了半天

58. A. 一件事我让他朋友告诉他
    B. 我告诉他一件事让他朋友
    C. 我让他朋友告诉他一件事
    D. 我让他朋友一件事告诉他

59. A. 你应该把这个问题搞清楚
    B. 你把这个问题应该搞清楚

C. 你应该搞清楚把这个问题
D. 你搞清楚应该把这个问题

60. A. 你现在去飞机场还来得及
    B. 你还来得及现在去飞机场
    C. 你还来得及去飞机场现在
    D. 你还去飞机场现在来得及

61. A. 这个问题我就明白了你一讲
    B. 你一讲我就明白了这个问题
    C. 这个问题你一讲我就明白了
    D. 你一讲我这个问题就明白了

62. A. 我不知道为什么他不同意你的意见
    B. 为什么你的意见他不同意我不知道
    C. 他不同意为什么我不知道你的意见
    D. 为什么你的意见我不知道他不同意

63. A. 我怎么办不知道好
    B. 我不知道怎么办好
    C. 我不知道好怎么办
    D. 怎么办我不知道好

64. A. 他简直不相信自己能考好
    B. 简直他不相信自己能考好
    C. 他不相信自己简直能考好
    D. 他自己不相信简直能考好

65. A. 就她一个人能完成我认为

B. 我认为就能她一个人完成
C. 就她一个人我认为能完成
D. 我认为她一个人就能完成

66. A. 你怎么会不认识她呢
    B. 怎么会你不认识她呢
    C. 不认识她你怎么会呢
    D. 你会不认识她怎么呢

67. A. 今天的报借走了被他
    B. 被他今天的报借走了
    C. 被他借今天的报走了
    D. 今天的报被他借走了

68. A. 请你送给她买点水果
    B. 请你买点水果送给她
    C. 买点水果请你送给她
    D. 送给她买点水果请你

69. A. 你开车千万要小心
    B. 你要小心千万开车
    C. 你要小心开车千万
    D. 千万你要小心开车

70. A. 这到底是怎么一回事
    B. 一回事这到底是怎么
    C. 这是怎么一回事到底
    D. 怎么一回事到底这是

2·2·2·2·2

第 二 部 分

说明:71—90题,每句话中都有一个空儿,每个空儿都有 **ABCD** 四个答案,请根据上下文的意思选择一个恰当的答案。

例如:75.我______喜欢吃这个菜。

A.都

B.很

C.又

D.再

这一题的正确答案是 **B**,你应在答卷上找到号码 75,在字母 **B** 上画一横道。

75.〔**A**〕　〔**B**〕　〔**C**〕　〔**D**〕

71. 这篇文章写得很不错,我提______什么意见。

A. 不来

B. 不去

C. 不出

D. 不过

72. 他把球踢______房间里去了。

A. 来

B. 在

C. 到

D. 过

73. 我想______她家的电话号码是多少。

A. 不下来

B. 不上来

C. 不起来

D. 不过去

74. 那儿我十年前去过一次,后来______也没去过。

A. 又

B. 都

C. 再

D. 就

75. 你今天______陪我去商场买东西吗?

A. 应该

B. 能

C. 究竟

D. 千万

76. 她电话里告诉我,她现在住______美国。

A. 向

B. 到

C. 往

D. 在

77. 我______下飞机,就来公司了。

A. 马上

B. 刚

C. 以前

D. 快

78. 这位老人很健康,____不像那么大岁数。

A. 太
B. 很
C. 真
D. 都

79. 这消息我是_____我朋友那儿打听来的。
    A. 从
    B. 来自
    C. 到
    D. 向

80. 请你把我的意见向他转告_____。
    A. 一会儿
    B. 一下
    C. 两下
    D. 一起

81. 这礼物是我们_____她准备的。
    A. 对
    B. 为
    C. 由
    D. 向

82. _____最近工作太忙，_____这次旅行就推迟了。
    A. 不但……而且……
    B. 虽然……但是……
    C. 因为……所以……
    D. 要是……就……

83. 这次考试你为什么不去试试_____?
    A. 吗
    B. 呢
    C. 吧
    D. 啦

84. 星期天我想去买_____衬衣。
    A. 双
    B. 件
    C. 个
    D. 张

85. 昨天她带_____孩子一起去听音乐会。
    A. 过
    B. 着
    C. 同
    D. 跟

86. _____要麻烦你了,真有点儿不好意思。
    A. 又
    B. 都
    C. 也
    D. 可

87. 他从桥上走_____来了。
    A. 进
    B. 下
    C. 上
    D. 出

88. _____改进工作方法,_____能提高工作效率。
    A. 先……后……
    B. 要是……所以……
    C. 只有……才……
    D. 连……也……

89. 这件事你_____不能给别人说。
    A. 万一
    B. 千万
    C. 到底
    D. 究竟

90. 这个展览会是_____增进两国友谊,促进相互了解。
    A. 给
    B. 为了
    C. 对
    D. 关于

三、阅读理解

（50题，60分钟）

第 一 部 分

说明：91—110题，每段都有几个空儿，请你根据上下文的意思，在ABCD四个答案中选择一个恰当的答案，在答卷的字母上画一横道。

91—93

我国的艺术代表团到中国来的时候，大使馆里忙__91__，要做各种准备，大使还__92__为代表团举行欢迎会。在欢迎会上，我国著名的艺术家们表演了非常精彩的节目，大使馆里从来没有这么热闹__93__。

91. A. 不了　B. 极了　C. 得多　D. 不下
92. A. 一个人　B. 自己　C. 自我　D. 亲自
93. A. 了　B. 着　C. 过　D. 一下

94—100

A：今年秋天咱们去哪儿呢？
B：我想到国外去旅行，你说呢？
A：我__94__想去中国，又想去看看我妈妈。
B：你妈妈不是__95__打算夏天来这儿吗？她__96__改变主意了？
A：妈妈来信说，她准备夏天到海边去休息，决定不到这儿来了，__97__我想去看看她。你有什么打算？
B：我希望秋天能去中国，你__98__下个月去看你妈妈吧。这样，秋天我们就能__99__到中国去了。
A：好吧，__100__这么决定了。

94. A. 还　B. 又　C. 再　D. 先
95. A. 今后　B. 可能　C. 原来　D. 以前
96. A. 怎么样　B. 如何　C. 怎么　D. 这么
97. A. 因为　B. 但是　C. 虽然　D. 所以
98. A. 可以　B. 还是　C. 从是　D. 已经
99. A. 共同　B. 连忙　C. 一起　D. 都
100. A. 可　B. 就　C. 又　D. 也

101—110

王大爷家是一个非常幸福的家庭。王

101. A. 是　B. 当　C. 搞　D. 叫

3·3·3·3·3

大爷快七十了，儿子在一个国际贸易公司__101__经理，常要去国外工作；儿媳妇__102__自己上班，__103__把家里照顾得好好的；女儿__104__常回家看望老人，问这问那，特别关心。王大爷的身体非常好，每天__105__到公园锻炼，认识他的人都说王大爷__106__快七十的老人。最__107__老人高兴的是，他有一个特别可爱特别懂事的小孙女，常在家里陪__108__老人。只要__109__孙女，老人就有说__110__的话。

102. A. 只要　B. 不但　C. 除了　D. 因为
103. A. 还　　B. 可　　C. 就　　D. 连
104. A. 都　　B. 也　　C. 又　　D. 可
105. A. 保持　B. 维护　C. 坚持　D. 坚定
106. A. 不过　B. 不会　C. 不能　D. 不像
107. A. 请　　B. 要　　C. 让　　D. 由于
108. A. 了　　B. 过　　C. 下　　D. 着
109. A. 写起　B. 拿起　C. 做起　D. 提起
110. A. 不下　B. 不好　C. 不了　D. 不完

第 二 部 分

说明：111—140题，每段文字都有一个或几个问题，每个问题都有 **ABCD** 四个答案，请根据它的内容选择一个恰当的答案。在答卷上的字母上画一横道。

111.
中国既向发达国家开放，也向发展中国家开放，在平等互利的基础上积极开展广泛的国际合作，促进共同发展。

111. 这段话主要谈：
　　A. 中国开放的速度
　　B. 经济开放对中国外国都有好处
　　C. 主要靠别的国家帮助发展经济
　　D. 中国只能对少数国家开放

112—115
有一天，我去农村看一个中国朋友。我第一次见到她的爸爸、妈妈和哥哥，他们都很热情。喝茶的时候，她哥哥问我："您今年多大了？"我是个女的，当时一听，脸就红了，真不知道回答什么。他一看我脸红了，就不问了。过了一会儿，她爸爸又问我："姑娘，每个月你有多少钱？"这时候，我真想回家了，心想，这家人怎么这样不懂礼貌，我真是认错人了。后来我才知道，这是中国人跟新认识的人聊天的习惯，喜欢问一些西方人不愿意告诉别人的私事，特别是农村人。西方人跟中国人打交道的时候，为了避免误会，需要互相了解，互相交流。

112. 这段话主要是：
　　A. 谈农村的情况
　　B. 问年龄是要找对象
　　C. 谈习惯不一样
　　D. 不能跟中国人打交道

113. 她脸红是因为：
　　A. 天气很热
　　B. 不好意思
　　C. 她喝酒了
　　D. 她化妆了

114. 问别人"每个月有多少钱"是：

A. 不懂礼貌
B. 要向别人借钱
C. 想了解别人的隐私
D. 为了关心别人的生活

115. 跟中国人打交道,怎样才能避免误会?
A. 跟中国人打交道一定会产生误会
B. 不打交道就不会产生误会
C. 打交道的时候不一定要了解对方
D. 打交道的时候要让对方了解自己,自己也要了解对方

116—119

我是一名英国记者,在北京工作已经五年多了。很多朋友问我,为什么一到北京就把自己的名字改了?因为中国人常常叫外国人"老外",我觉得挺新鲜,就把自己的名字改成了"老外"。我的汉语是到北京以后学的,现在有了不少进步,跟中国人说话一般可以不用翻译。我的发音不怎么好,不过,中国人还听得懂。在这五年中,我见到了很多过去从来没见过的事,真是大开了眼界,长了不少见识。

116. 这名英国记者为什么要改名叫"老外"?
A. 原来的名字没意思
B. 因为中国人喜欢这个名字
C. 他自己认为这个名字新奇可爱
D. 为了有个中国名字

117. "老外"的意思是:
A. 外国人对中国的事什么都懂
B. 只要是外国人都是"老外"
C. 外国人对中国的事一点也不懂
D. 中国人不懂外国的事

118. 他的汉语水平:
A. 能跟中国人随便交谈
B. 因为发音不好,很多中国人听不明白他说的话
C. 进步得不太快
D. 跟中国人打交道离不开翻译

119. 他对在中国工作感觉是:
A. 有一点小的收获
B. 收获很大
C. 很不满意
D. 在中国呆不下去了

120—124

春节是中国最重要的节日,早就想亲眼看看中国人是怎样过春节的,但是一直没有机会,今年公司经理让我到中国来工作一段时间,正好碰上春节,这是多么难得啊!过春节真有意思,给我印象最深的是"福"字,"福"是幸福的"福"。春节的时候,整个北京城到处贴起了"福"字,贴"福"字还很有讲究,一定要倒着贴,倒着贴表示幸福来到了自己的家里,如果"福"字不是倒着贴,就表示幸福不会来到,因为"倒"和"到"的发音是一样的,人们都希望在新的一年里生活得更幸福。还有过春节的前一天晚上,全家人要在一起吃晚饭,饭菜做得非常好,一定要有鱼,表示"年年有余",是希望在新的一年里生活得富裕,"有余"跟"有鱼"的发音一样。

120. 春节是个什么节日?
A. 中国人不太重视过春节
B. 中国人非常重视过春节
C. 中国只有春节没有别的节日
D. 中国有很多节日,都是最重要的

121. 为什么说很难得?
A. 经常有机会得到
B. 很少有机会得到
C. 希望别人能得到
D. 大家都能得到

122. 第一次在中国过春节的印象是:

A.跟想的不一样

B.印象很不好

C.觉得很有意思

D.印象很一般

123．中国人为什么要把"福"字倒着贴？

　　A.因为"福"字倒着贴好看

　　B.希望幸福到别人家里去

　　C.希望幸福到自己家里来

　　D.因为人们不想得到"福"

124．春节前一天的晚饭为什么要有鱼？

　　A.中国人特别喜欢吃鱼

　　B.有鱼可以多喝酒

　　C.有鱼希望以后生活得很富

　　D.吃鱼对身体有好处

125—132

　　前几天我跟一位几年没见面的中国朋友约好，下午晚饭前准时在家等我，正要出门，有人找我打听事，耽误了很长时间，我不能按时到达，很过意不去。见了面，我直说："对不起！对不起！让你久等了。"中国朋友连声说"没什么，没什么"。谈话的时候，我觉得他一点儿也没变，他也说我还是老样子。吃晚饭的时候，我看见摆了一桌子菜，看样子，菜的味道很不错，我说他真行，还会做菜，你猜他说什么？他说："我哪有这两下子，都是我妻子做的。"他妻子站在旁边只是说："菜不好，多吃点。"后来我们三人共同举杯，为我们重逢干杯！

125．他们约会是在什么时候？

　　A.下午五点

　　B.吃过了晚饭

　　C.在吃晚饭以前

　　D.只是约好见面，没有约时间

126．"过意不去"的原因是：

　　A.没找到地方

B.因为耽误了时间不能准时到达

C.他忘记了时间

D.没有什么原因

127．"没什么，没什么"的意思是：

　　A.耽误了时间，没关系

　　B.没有耽误时间

　　C.没有等的意思

　　D.耽误了时间，不能原谅

128．"还是老样子"的意思是：

　　A.以前穿什么，现在还穿什么

　　B.跟以前一样，没有变化

　　C.变得跟以前完全不一样

　　D.虽然有一点变化，但是变化不大

129．"看样子，菜的味道不错"的意思是：

　　A.吃了以后，觉得味道不好

　　B.一看就知道不好吃

　　C.一看就知道很好吃

　　D.尝了以后，说菜做得很好

130．"哪有这两下子"的意思是：

　　A.认为做菜很容易

　　B.自己做不好菜，没有技术

　　C.自己会做菜，技术很高

　　D.会做一些简单的菜

131．"菜不好，多吃点"的意思是：

　　A.菜做得不好，但一定要把它吃掉

　　B.表示谦虚，希望客人能多吃一点

　　C.做菜的技术很好，是菜的质量不好

　　D.做菜的技术和菜的质量都不好

132．"重逢"的意思是：

　　A.第一次见面

　　B.经常见面

　　C.经过很长时间以后，再一次见面

　　D.隔了几天又见面

133—140

　　索菲娅是个天真活泼的法国姑娘，三年

前她在北京大学当留学生,她一上学我就跟她认识,后来我们一直保持着联系。她回国以后,在一家贸易公司工作,常去英国、意大利等国家,也常来中国。她只要一到北京,就会给我打电话。上个星期我突然接到她的一个电话,我拿起电话,问她住在哪里,谁知道她让我猜,我怎么能猜得出来呢?猜了半天她说电话是从法国打来的,过几天又要来北京了,但是时间很短,没有机会去买书,不得不请我帮忙,帮她买一些急用的书,她学法律,正在研究中国的经济法和合同法,我跑了两天书店,终于买到了索菲娅要的书,打算等索菲娅到了北京,再把书给她。昨天我又接到她的电话,告诉我这次她到北京来的计划要延长两个星期,不会像原来那样紧张了。

133. 他跟索菲娅是什么时候认识的?
    A. 刚认识不久
    B. 索菲娅回国以后
    C. 三年前索菲娅在北京读书的时候
    D. 索菲娅工作的时候
134. 索菲娅现在干什么?
    A. 当留学生
    B. 在法国学法律
    C. 在学校当老师
    D. 搞贸易工作
135. 索菲娅现在住在哪里?
    A. 住在中国
    B. 住在法国
    C. 住在英国
    D. 住在意大利
136. 回国以后,索菲娅跟他有什么联系?
    A. 没有什么联系
    B. 常常写信
    C. 常常打电话
    D. 请别人问候
137. 索菲娅每次来北京他是怎么知道的?
    A. 索菲娅写信告诉
    B. 索菲娅到北京后打电话
    C. 索菲娅每次都到他家来
    D. 是从别人那儿知道的
138. 他猜得出索菲娅上星期打电话的地方吗?
    A. 完全猜不出来
    B. 猜得很对
    C. 猜得不太对
    D. 完全猜错了
139. "不得不请我帮忙"的意思是:
    A. 非请我帮忙不可
    B. 不要我帮忙
    C. 帮忙不帮忙都可以
    D. 我不能帮忙
140. 索菲娅这次来北京原来的安排怎么样?
    A. 安排得很紧张
    B. 安排得不紧张
    C. 有时紧张,有时不紧张
    D. 不是非常紧张

答 题 纸

听力理解录音材料

(50题,约35分钟)

第 一 部 分

1. 玛丽在操场跑步。

2. 玛丽推着自行车在路上走。

3. 很多人在看玛丽和她的男朋友打网球。

4. 玛丽在看中国的京剧。

5. 玛丽在花店买鲜花。

6. 下雪的时候，玛丽到邮局去。

7. 玛丽的家在河边，周围的风景很漂亮。

8. 玛丽在看电视的时候，电话铃响了。

9. 我推门进去的时候，玛丽正在唱歌。

10. 看足球比赛的人很多。

11. 玛丽推着病人从医院里走出来。

12. 玛丽开着小汽车去长城游览。

13. 玛丽送妹妹去学校上学。

14. 玛丽在路上向一位女警察问路。

15. 玛丽和她的妹妹在烤鸭店吃烤鸭。

第 二 部 分

16. 我们明天去不去参观?
17. 她没事吧?要不要帮忙?
18. 昨天你是什么时候看新闻的?
19. 那几天开的座谈会,你参加了没有?
20. 你会骑自行车吗?
21. 中国朋友到你家来做客了没有?
22. 我现在去找你,可以吗?
23. 买不到明天去上海的飞机票,怎么办呢?
24. 现在去参加朋友的婚礼,还来得及吗?
25. 从这里去长城方便不方便?
26. 刚才从门口开过去的是什么车?
27. 手提包放在谁的桌子上了?
28. 你能告诉我明天开会的时间吗?
29. 他为什么不坐着看电视?
30. 你找到你朋友住的那家医院了吗?

第 三 部 分

31. 男:我一听就知道她是南方人。
    女:你说得一点也不错。
    问:女的说的是什么意思?

32. 女:今天的舞会你们参加不参加?
    男:参加不参加我们还没决定。
    问:从上面的对话可以知道什么?

33. 男:明天的考试有什么好准备的!
    女:那你不用准备了。
    问:从上面的对话可以知道什么?

34. 男:听说小王爱好文学,还能写小说。
    女:她得过很多奖。
    问:从上面的对话可以知道什么?

35. 男:电梯又坏了,只好爬楼梯了。
    女:老毛病。
    问:从上面的对话可以知道什么?

36. 女:看样子天气要变。
    男:下点雪才好呢!
    问:从上面的对话可以知道什么?

37. 女:好朋友结婚送点什么礼物呢?
    男:最好送点有纪念意义的。
    问:从上面的对话可以知道什么?

38. 女：这儿的环境不如那儿的好。
    男：谁说的？
    问：男的是什么意思？

39. 女：他们的技术怎么样？
    男：踢得还可以。
    问：从上面的谈话可以知道什么？

40. 男：这场比赛的结果怎么样？
    女：搞不清楚。
    问：女的意思是什么？

41. 男：我们去咖啡厅还是回家？
    女：随便。
    问：女的意思是什么？

42. 女：你要我同意你的意见？
    男：你误会了。
    问：男的意思是什么？

43. 女：这几种水果你是不是都尝尝？
    男：都少来一点。
    问：男的意思是什么？

44. 男：你明白他说的意思吗？
    女：我怎么能听不出来呢。
    问：女的意思是什么？

45. 女：是这星期去长城还是下星期去长城？
    男：这我说不准。
    问：男的是什么意思？

46. 男：半个小时可以赶到飞机场吗？
    女：我想差不多。
    问：女的意思是什么？

47—50题是根据下面一段对话：

说到举行婚礼的事，小李告诉我：他这两天正忙着布置新房，哪一天举行婚礼还没有决定下来，可能是在新年，家里人都希望他在节日结婚，又过节又结婚，亲戚、朋友都来参加婚礼，该有多好啊！结婚要花不少钱，这钱不都是他自己的，他父母还帮助了一些。他结了婚不打算跟父母一起住，不过离得很近，可以常常去看看老人。

47. 小李最近在做什么？
48. 小李结婚的日子决定了没有？
49. 小李结婚的钱从哪儿来？
50. 小李结了婚有什么打算？

参 考 答 案

一、听力理解

1. B	2. C	3. C	4. C
5. C	6. B	7. D	8. A
9. C	10. C	11. D	12. D
13. B	14. B	15. C	16. C
17. C	18. B	19. C	20. D
21. B	22. A	23. B	24. A
25. B	26. A	27. C	28. B
29. C	30. C	31. B	32. D
33. B	34. B	35. B	36. B
37. C	38. B	39. C	40. D
41. C	42. B	43. C	44. B
45. B	46. C	47. B	48. B
49. D	50. C		

二、语法结构

51. D	52. A	53. C	54. D
55. A	56. B	57. A	58. C
59. A	60. A	61. C	62. A
63. B	64. A	65. D	66. A
67. D	68. B	69. A	70. A
71. C	72. C	73. C	74. C
75. B	76. D	77. B	78. C
79. A	80. B	81. B	82. C
83. B	84. B	85. B	86. A
87. B	88. C	89. B	90. B

三、阅读理解

91. B	92. D	93. C	94. B
95. C	96. C	97. D	98. B
99. C	100. B	101. B	102. B
103. A	104. B	105. C	106. D
107. C	108. D	109. D	110. D
111. B	112. C	113. B	114. C
115. D	116. C	117. B	118. A
119. B	120. B	121. B	122. C
123. C	124. C	125. C	126. B
127. A	128. B	129. C	130. B
131. B	132. C	133. C	134. D
135. B	136. C	137. B	138. A
139. A	140. A		

第二套模拟试题

一、听力理解

（50题，约35分钟）

第 一 部 分

说明：1—15题，每一道题，你会听到一句话，在试卷上你会看到 **ABCD** 四张画，请你选出跟这句话内容一致的那一张，并在答卷上画一横道。请注意，这部分试题，每句听两遍。

例如：第2题，你听到：

2. 他正在写信
2. 他正在写信

你在试卷上看到四张画

A　　　　B　　　　C　　　　D

第2题唯一正确的答案是 **C**，你应在答卷上找到号码2，在字母 **C** 上画一横道。

〔A〕　〔B〕　■C■　〔D〕

1. A　　　B　　　C　　　D

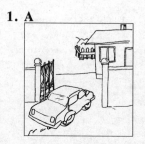   

2. A  B  C  D

3. A 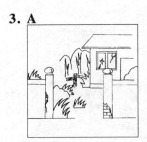 B  C 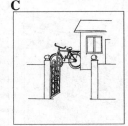 D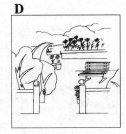

4. A  B  C  D

5. A  B  C  D

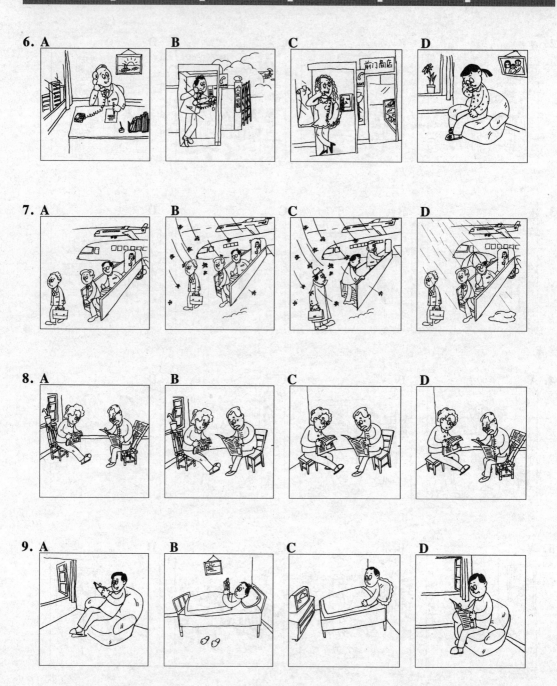

10. A  B  C  D

11. A  B  C  D

12. A  B  C  D

13. A  B  C  D

14. A  B  C  D

15. A  B  C  D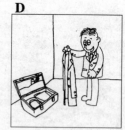

第 二 部 分

说明：16—30 题，这部分试题，都是一个人问一句话，在试卷上你会看到 **ABCD** 四种回答，其中只有一种是正确的。请你找出它，并在答卷的字母上画一横道。请注意，这部分试题，每个问句听两遍。

例如：第 18 题，你听到：

　　18. 你从来没有听过这个故事吗？
　　18. 你从来没有听过这个故事吗？

你在试卷上看到四个回答：

A. 不讲这个故事
B. 不听这个故事
C. 从来没有听过
D. 故事很好听

第 18 题正确的回答是 **C**，你应该在答卷上找到号码 18，在字母 **C** 上画一横道。

18.〔A〕　〔B〕　■C■　〔D〕

16. A. 要关心国家大事
    B. 马上要开始了
    C. 我喜欢看新闻
    D. 今天有新闻广播

17. A. 他们结婚了
    B. 我还没有朋友
    C. 当然参加了
    D. 那天天气不错

18. A. 我朋友不在
    B. 公共汽车站不远
    C. 我是汽车司机
    D. 是我要的车

19. A. 我喜欢看小说
    B. 没有这回事
    C. 小说真好看
    D. 我不认识作者

20. A. 我买音乐会的票
    B. 他正听音乐呢
    C. 怎么不想呢
    D. 这首曲子真好听

21. A. 今天天气很好
    B. 他不高兴了
    C. 历史没考好
    D. 他有一本新词典

22. A. 开车上班
    B. 几乎是这样
    C. 路不太远
    D. 车有点毛病

23. A. 祝你生日快乐
    B. 请吃生日蛋糕
    C. 这是生日礼物
    D. 下个星期六

24. A. 他是大夫
    B. 大夫不在家
    C. 那位年轻的大夫
    D. 我不想当大夫

25. A. 我夏天去旅行
    B. 热得喘不上气来
    C. 请喝杯热茶
    D. 现在是夏天

26. A. 我一个人来了
    B. 小李没有来
    C. 小李有点事
    D. 我和小李一起吃饭

27. A. 我在公司工作
    B. 他是公司经理
    C. 公司各个方面都不错
    D. 我的公司在六层

28. A. 这是中国名茶
    B. 不,我妻子喜欢
    C. 茶的种类很多
    D. 茶店离这儿不远

29. A. 这块布真好看
    B. 差不多
    C. 这条裙子不合适
    D. 布是朋友送的

30. A. 我会开车
    B. 这车不是新的
    C. 开车去上班
    D. 刚学会不久

1·1·1·1·1

第 三 部 分

说明：31—50 题,这部分试题是两个人的对话或一段话,第三个人根据对话或那段话问一个或几个问题,每个问题都有 **ABCD** 四种答案,请选出唯一正确的答案。请注意,这部分试题只听一遍。

例如:第 35 题,你听到:

    35. 女:小王现在在哪儿?

        男:我找过他,哪儿都没找到。

        问:根据对话可以知道什么?

你在试卷上看到四个答案:

    A. 男的刚见过小王

    B. 男的没找着小王

    C. 小王哪儿都没去

    D. 男的没去找小王

第 35 题唯一正确的答案是 **B**,你应该在答卷上找到号码 35,在字母 **B** 上画一横道。

35. 〔A〕　　〔C〕　〔D〕

---

31. A. 去吃饭
    B. 一起去
    C. 由女的决定
    D. 不知道去哪儿

32. A. 相当远
    B. 不太远
    C. 不太近
    D. 很近

33. A. 回来了
    B. 三天以后回来
    C. 一周以后回来
    D. 还没有决定

34. A. 朋友结婚
    B. 朋友生病
    C. 朋友生日
    D. 朋友喜欢花

35. A. 七点半
    B. 七点三十五分
    C. 七点二十六分
    D. 七点五十五分

36. A. 男的睡着了
    B. 女的睡着了
    C. 男的没睡着
    D. 男的跟女的在开玩笑

37. A. 20 岁
    B. 21 岁
    C. 22 岁
    D. 23 岁

38. A. 一个孩子摔倒了
    B. 男的被自行车撞倒了

C. 自行车被汽车撞坏了
D. 男的骑自行车摔伤了腿

39. A. 听懂了一句
    B. 都听懂了
    C. 都没听懂
    D. 只有一句没听懂

40. A. 春天
    B. 夏天
    C. 秋天
    D. 冬天

41. A. 上海
    B. 北京
    C. 广州
    D. 香港

42. A. 广州人
    B. 北京人
    C. 上海人
    D. 香港人

43. A. 差不多习惯了
    B. 完全习惯了
    C. 不太习惯
    D. 还没习惯

44. A. 面条和馒头
    B. 馒头和包子
    C. 包子和面条

D. 馒头

45. A. 去香港旅行
    B. 生病住院
    C. 去国外访问
    D. 在饭店参加贸易谈判

46. A. 昨天
    B. 前天
    C. 今天
    D. 明天

47. A. 旅行的日期
    B. 请外宾吃饭的日期
    C. 开会的日期
    D. 参观的日期

48. A. 一个很大的工厂
    B. 一个有名的公园
    C. 一条有名的文化街
    D. 一条有名的商业街

49. A. 漂亮的衣服
    B. 便宜的水果
    C. 古代的书和字画
    D. 现代的建筑

50. A. 会画画儿的
    B. 很负责任的
    C. 很有名的
    D. 知识非常丰富的

二、语法结构

(40题,40分钟)

第 一 部 分

> 说明:51—70题,每个题里都有 ABCD 四个句子,请你找出唯一正确的句子。
> 例如:53. A. 电话修好了已经
> B. 已经电话修好了
> C. 电话已经修好了
> D. 修好了电话已经
> 这个题正确的句子是 C,请在答卷上找到号码53,在字母 C 上画一横道。
> 53.〔A〕　〔B〕　　〔D〕

51. A. 相片放着在桌子那儿
    B. 相片那儿放着在桌子上
    C. 相片在桌子那儿放着
    D. 相片放着那儿在桌子上

52. A. 我跟他一起去不想
    B. 我不想跟他一起去
    C. 我跟他不想一起去
    D. 我不想他跟一起去

53. A. 今天真干净得打扫屋子
    B. 今天打扫得真干净屋子
    C. 今天屋子真干净得打扫
    D. 今天屋子打扫得真干净

54. A. 有时候骑车坐车比还快
    B. 有时候骑车比坐车还快
    C. 有时候骑车还快比坐车
    D. 有时候骑车比还快坐车

55. A. 回国后,我三次给他打电话了
    B. 回国后,我给他三次打了电话
    C. 回国后,我给他打了三次电话
    D. 回国后,我三次电话给他打了

56. A. 房间里满摆鲜花了
    B. 房间里摆鲜花满了
    C. 房间里摆满了鲜花
    D. 房间里鲜花满摆了

57. A. 起床后请打开把窗户
    B. 起床后打开请把窗户
    C. 起床后窗户请把打开
    D. 起床后请把窗户打开

58. A. 我打算三个月只在住北京
    B. 我打算在北京只住三个月
    C. 我打算只三个月北京住在
    D. 我打算在北京只三个月住

59. A. 他刚回来从法国
    B. 他刚从回来法国

36

C. 他刚从法国回来
D. 刚他从法国回来

60. A. 我就吃了早饭来你这儿了
    B. 我吃了早饭就来你这儿了
    C. 吃了早饭就我来你这儿了
    D. 我就早饭吃了来你这儿了

61. A. 不要你躺着看书,好不好
    B. 你不要看书躺着,好不好
    C. 你不要看着书躺,好不好
    D. 你不要躺着看书,好不好

62. A. 我看见他进去邮局了
    B. 我看见他进邮局去了
    C. 我看见邮局他进去了
    D. 我看见邮局进去了他

63. A. 我到南亚没去过旅行
    B. 我没到南亚去旅行过
    C. 我没到过南亚去旅行
    D. 我没到南亚去过旅行

64. A. 这本小说我想再不看下去
    B. 这本小说我想不看下去再
    C. 这本小说我再想不看下去
    D. 这本小说我不想再看下去

65. A. 请清楚写收信人的名字和地址
    B. 请清楚写收信人的名字和地址
    C. 请写清楚收信人的名字和地址
    D. 写清楚请收信人的名字和地址

66. A. 这是那份要找你的资料吗
    B. 这是要找你的那份资料吗
    C. 这你要找的是那份资料吗
    D. 这是你要找的那份资料吗

67. A. 我不让孩子看多电视
    B. 我不让孩子多看电视
    C. 我让孩子不多看电视
    D. 我让孩子电视不多看

68. A. 祝贺你大学考上顺利地
    B. 祝贺你顺利地大学考上
    C. 祝贺你顺利地考上大学
    D. 顺利地考上大学祝贺你

69. A. 我拿来马上就去给你
    B. 我就去拿来给你马上
    C. 我拿来就去马上给你
    D. 我马上就去给你拿来

70. A. 他肚子疼是因为不干净的东西吃了
    B. 他肚子疼是因为吃了不干净的东西
    C. 他肚子疼是因为东西不干净的吃了
    D. 他肚子疼是因为吃的东西不干净了

第 二 部 分

说明：71—90题，每句话中都有一个空儿，每个空儿都有 **ABCD** 四个答案，请根据上下文的意思选择一个恰当的答案。

例如：

75. 我_____喜欢吃这个菜。

A. 都
B. 很
C. 又
D. 再

这一题的正确答案是 **B**，你应在答卷上找到号码 75，在字母 **B** 上画一横道。

75. 〔A〕 〔B〕 〔C〕 〔D〕

71. 我家门前有一_____苹果树。
    A. 朵
    B. 枝
    C. 棵
    D. 张

72. 你做的面条真香，我想_____吃一碗。
    A. 又
    B. 再
    C. 更
    D. 也

73. 你不是看过这个电影_____？
    A. 呢
    B. 啊
    C. 啦
    D. 吗

74. 他每天听新闻广播是_____了解世界上发生的事情。
    A. 因为
    B. 虽然
    C. 为了
    D. 因此

75. 你给她买的礼物，她_____喜欢。
    A. 愿意
    B. 一定
    C. 于是
    D. 千万

76. 太阳_____地球太远了，看上去只有盘子那么大。
    A. 从
    B. 由
    C. 在
    D. 离

77. _____他这种说法，我也有我自己的意见。
    A. 由于
    B. 对于
    C. 关于
    D. 根据

78. 他刚下班回_____,就收到一封电报。
   A. 了
   B. 着
   C. 过
   D. 来

79. _____生活_____,我已经完全习惯了。
   A. 在……中
   B. 在……上
   C. 在……里
   D. 在……下

80. 我_____不想教你,_____我自己也没弄懂。
   A. 虽然……但是……
   B. 因为……所以……
   C. 不是……而是……
   D. 不但……而且……

81. 你今天一定得穿上大衣,_____就要感冒了。
   A. 然后
   B. 所以
   C. 而且
   D. 否则

82. 他从桌上拿_____帽子就出门去了。
   A. 过
   B. 到
   C. 起
   D. 出

83. 母亲的观点_____她的一生影响非常大。
   A. 对
   B. 跟
   C. 和
   D. 使

84. 你_____已经开始做了,那_____把它做完吧。
   A. 即使……也……
   B. 既……又……
   C. 不但……而且……
   D. 既然……就……

85. 我一点也不认为他是正确的,你_____?
   A. 吗
   B. 啊
   C. 吧
   D. 呢

86. 这个问题太难了,我真的回答不_____。
   A. 出去
   B. 进来
   C. 下去
   D. 出来

87. 事情的经过你都跟他说了,_____?
   A. 行不行
   B. 好不好
   C. 会不会
   D. 是不是

88. _____哪天早上不出来锻炼,就会整天都觉得不舒服。
   A. 因为
   B. 如果
   C. 还是
   D. 可能

89. 我真不知道这个问题_____解决才好。
   A. 什么
   B. 这么

C. 怎么
D. 为什么

90. 他说了一个笑话，我们笑_____都站不起来了。

A. 地
B. 的
C. 得
D. 着

3·3·3·3·3

三、阅读理解

(50题,60分钟)

第 一 部 分

> 说明:91—110题,每段都有几个空儿,请你根据上下文的意思,在ABCD四个答案中选择一个恰当的答案,在答卷的字母上画一横道。

91—93

他从来没有长期___91___过母亲,现在要到很___92___的地方去留学,母亲自然会有很多___93___。

91. A. 看见　B. 离开　C. 听说　D. 走近
92. A. 大　　B. 好　　C. 近　　D. 远
93. A. 愉快　B. 痛苦　C. 担忧　D. 兴奋

94—99

这几___94___的改革开放政策,不但促进了中国经济发展,也___95___打破了"铁饭碗"的观念。"铁饭碗"的制度虽然为大家提供了稳定的___96___,但是却___97___了各行各业的竞争。现在中国的年轻人都已经___98___到只有努力工作才能为自己带来___99___。

94. A. 天　　B. 次　　C. 下　　D. 年
95. A. 常常　B. 渐渐　C. 一直　D. 往往
96. A. 条件　B. 学习　C. 工作　D. 休息
97. A. 增加　B. 减少　C. 提高　D. 下降
98. A. 记得　B. 觉得　C. 感觉　D. 认识
99. A. 满意　B. 失败　C. 成功　D. 胜利

100—105

市场上摆着千百种___100___,但我只喜欢茶。茶已经是我生活中___101___缺少的必需品。我不但___102___喝,而且也喜欢看。每次逛___103___,都要在茶叶专柜转一转,看着各种各样的茶叶,也是一种___104___。随着口袋里的___105___多起来,花上几百元买斤好茶喝,已经是很平常的事了。

100. A. 水果　B. 点心　C. 饮料　D. 蔬菜
101. A. 可能　B. 不可　C. 必须　D. 应该
102. A. 恨　　B. 怕　　C. 爱　　D. 会
103. A. 书店　B. 商店　C. 鞋店　D. 服装店
104. A. 难过　B. 工作　C. 负担　D. 享受
105. A. 钥匙　B. 东西　C. 钱　　D. 纸

3·3·3·3·3

106—108

资料室的小王给我的印象最 ___106___。一天,我到资料室去找一份资料,找了半天也没找到我需要的东西。刘丽说可能是书号搞 ___107___ 了吧。我再仔细一看,果然我把"5"写成了"8",我非常不好意思。她说:"要是我们工作人员记熟了各种资料在书架上的位置,拿起来就 ___108___ 多了。"

我又一次去资料室要找一本书,她 ___109___ 就找到了。我奇怪地问她怎么这么快,她笑着说:"你忘了我说过的话吗?"噢,我想起来了,"要是记熟了各种资料在书架上的 ___110___ ……"

106. A. 坏　　B. 深　　C. 差　　D. 糟
107. A. 丢　　B. 坏　　C. 错　　D. 乱
108. A. 麻烦　B. 轻松　C. 方便　D. 简单
109. A. 半天　　　　　B. 两个小时
　　 C. 一下子　　　　D. 很早
110. A. 方向　　　　　B. 位置
　　 C. 地方　　　　　D. 旁边

第 二 部 分

> 说明:111—140题,每段文字都有一个或几个问题,每个问题都有 **ABCD** 四个答案,请根据它的内容选择一个恰当的答案。在答卷上的字母上画一横道。

王克知道今年是他父母亲结婚20周年纪念,很想送他们一件珍贵的礼物,可是不知道他父母是哪天结婚的。于是,他打电话给他父亲,"你好,爸爸,我需要知道你和妈妈结婚的具体日子。"电话线那边半天没有说话,然后他又听到爸爸的声音,爸爸大声地喊着自己的妻子,"你的电话!"

111. 王克为什么要送父母一件礼物?
　　 A. 父亲的生日
　　 B. 圣诞节快到了
　　 C. 父亲母亲结婚20周年
　　 B. 今天是母亲节
112. 他给爸爸打电话做什么?
　　 A. 问妈妈哪天生日
　　 B. 问爸爸什么时候出国
　　 C. 问爸爸妈妈想吃什么
　　 D. 问爸爸妈妈结婚的日子
113. 爸爸为什么半天没有说话?
　　 A. 爸爸正在想工作上的问题
　　 B. 爸爸没听懂问题
　　 C. 电话机有毛病
　　 D. 爸爸不知道怎么回答
114. 爸爸为什么对妻子说"你的电话"?
　　 A. 电话是妻子的朋友打来的
　　 B. 爸爸想让妻子回答问题
　　 C. 电话是儿子打给妈妈的
　　 D. 爸爸不喜欢接电话

115—119题是根据下面一段短文:
　　 根据调查,和十二年前相比,北京城市

3·3·3·3·3

居民的平均工作时间减少了1小时43分钟,但是加上上下班时间,平均每天工作7小时10分钟。其中,领导最忙,学生最累,收入越多的人工作时间越长,上下班花在路上的时间最让普通老百姓发愁。

调查中还发现平均每天工作时间最长的是各企业、公司的领导和管理人员,为7小时28分钟,其次是专业技术人员、医务工作者、公司职员、机关干部,文化艺术界人士排在最后,平均每天只有4小时41分钟。

正常工作时间之外的加班时间,学校的学生最长,平均每天加班(课)50分钟,这意味着从周一到周六,学生每天多上一节课。

随着城市规模的扩大和人口的增加,北京大部分职工的上下班时间超过了一小时,最少也要53分钟。

115. 北京城市居民的平均工作时间跟二十年前相比:
 A. 增加了一个小时
 B. 减少了43分钟
 C. 和二十年前一样
 D. 减少了1小时43分

116. 平均每天工作时间最长的是谁?
 A. 各企业公司的职员
 B. 医务工作者
 C. 专业技术人员
 D. 各企业公司的领导

117. 平均每天工作时间最少的是:
 A. 机关干部
 B. 公司的管理人员
 C. 文化艺术界人士
 D. 医生

118. 正常工作时间之外学生加班时间最长,意味着:
 A. 每周多上一节课
 B. 每天多上一节课
 C. 每周周三多上一节课
 D. 每周周六多上一节课

119. 北京普通老百姓最发愁的事是:
 A. 每天买菜做饭的时间
 B. 在食堂吃午饭的时间
 C. 上下班花在路上的时间
 D. 在办公室里工作的时间

120—123题是根据下面一段短文:

一对青年男女经别人介绍以后,在一个咖啡馆见面了,男青年对女青年的印象非常好。当他知道对方是在一个大医院里当护士,就说:"我真希望生一场大病,住到你们的医院里。"

女青年问:"这是为什么?"

男青年说:"你可以来护理我,这样我们不是可以天天都在一起吗?"

女青年非常不好意思地说:"这是不可能的事。"

男青年问:"这是为什么?"

女青年低下头说:"因为我是妇科的护士。"

120. 这对青年人是怎么认识的?
 A. 在公共汽车上
 B. 在学校读书时
 C. 经朋友介绍
 D. 在咖啡馆里

121. 男青年对女青年的印象怎么样?
 A. 不怎么样
 B. 一般
 C. 非常好
 D. 很不好

122. 男青年为什么想生一场大病?
 A. 可以不上班
 B. 可以在家看小说

C. 可以不参加考试
D. 可以和女青年天天见面

123. 女青年是做什么工作的?
　　A. 教师
　　B. 大夫
　　C. 演员
　　D. 护士

124—128是根据下面一段短文:

　　"怎么了,孩子,你为什么不高兴?"妈妈问。

　　"没人跟我玩。"孩子说,"我真希望还是住在原来的地方,那里有很多朋友。"

　　这时,有人敲门。门口站着一位妇女。

　　"您好,我就住在隔壁。"

　　"请进吧!"

　　"我想借两个鸡蛋,烤个蛋糕。"

　　"别着急,我马上拿给您。"

　　那天下午,又有人敲门,是个男孩。

　　"这是我妈妈送给你们的蛋糕,还有还您的两个鸡蛋。"

　　"哎呀,谢谢,你们快来认识一下。"

　　两个孩子年龄差不多,他们一边吃蛋糕,一边喝牛奶。

　　"我真高兴,要不是你妈妈来借鸡蛋,我们不会认识的。"

　　"我妈妈并不是真的需要两个鸡蛋,她只是想跟你妈妈认识一下,做个朋友。让我跟你一起玩。"

124. 孩子为什么不高兴?
　　A. 妈妈不让出去玩
　　B. 没有朋友一起玩
　　C. 玩具都是旧的
　　D. 妈妈批评他

125. 孩子对这个新的地方不喜欢是因为:
　　A. 交通不方便
　　B. 公园太小
　　C. 离学校太远
　　D. 谁也不认识

126. 孩子正在不高兴的时候,是谁敲门?
　　A. 邮递员
　　B. 隔壁的一位妇女
　　C. 一个小女孩
　　D. 卖鸡蛋的人

127. 下午一个小男孩给他们送来了什么?
　　A. 蛋糕和糖
　　B. 牛奶和蛋糕
　　C. 蛋糕和鸡蛋
　　D. 鸡蛋和糖

128. 住在隔壁的那位妇女为什么来借鸡蛋?
　　A. 鸡蛋吃完了
　　B. 为了烤蛋糕
　　C. 为了拿去卖钱
　　D. 为了跟邻居认识,交个朋友

129—133是根据下面一段短文:

　　根据调查,能在一定程度掌握普通话的城市居民接近80%。母语就是普通话的,即婴儿和儿童时期学习并使用的语言是普通话的只占20%。

　　调查表明,大多数人是在学习和工作中掌握普通话的,普通话的普及程度因年龄不同可以看出很大差异。从掌握普通话的比例来看,60岁以上的老年人为46%,40岁到50岁的中年人为70%,20岁到30岁的年轻人为85%,15岁以上到20岁以下的,92%以上的人会说普通话。

　　因为环境不同,普通话和方言往往互相

替换着使用,其中大城市经常使用普通话的比率要比中小城市高 20%。

应该看到在一些经济文化发达的地区,仍然存在着较强的方言优越感,比如广东话方言区 90% 以上的人喜欢自己的母语。70% 的人希望自己的孩子学习粤语(广东话)。又如上海、浙江、福建等地区喜欢使用自己的方言的比例,也要比其他方言区高。

129. 在一定程度上掌握普通话的城市居民有:
   A. 60%
   B. 70%
   C. 80%
   D. 85%

130. 大多数人掌握普通话是通过:
   A. 同朋友的交往
   B. 学习和工作
   C. 听广播
   D. 看报纸

131. 从掌握普通话的比例来看,最高的是:
   A. 60 岁以上的
   B. 40—50 岁的中年人
   C. 20—30 岁的年轻人
   D. 15—20 岁以下的人

132. 大城市经常使用普通话的比率要比中小城市:
   A. 低 10%
   B. 低 20%
   C. 高 15%
   D. 高 20%

133. 对自己的方言有着较强的优越感的是一些:
   A. 经济文化落后的农村
   B. 经济文化发达的地区
   C. 经济文化正在发展的山区
   D. 文化程度不太高的人

134—140 题是根据下面的一封信:

妈妈:

您好!我们分别已经一年半了。我非常想念家里的亲人。我在这里生活很好,两个孩子也很喜欢中国,他们学会了很多汉语,还会唱中国歌。

我的学校离我住的地方很远,自行车成了我生活中不可缺少的交通工具,而且骑车也是一种锻炼。

中国人的生活习惯跟我们不同,午饭晚饭比我们早吃两三个小时,开始很不习惯,现在已经适应了。北京的物价跟我们那儿差不多,我每次去超市买东西时,都忘不了给您买些礼物。北京的气候跟我们国家相差很大。不过我们住的外宾招待所条件很好,每天开着空调。

每到周末,我们都带着孩子去游览北京的名胜古迹。下星期我们准备去游览长城。打算在长城上照几张相片寄给您。

我在北京认识了很多朋友,我们经常去他们家做客。

昨天接到弟弟的电话说您身体不太好,我非常担心,我们不在您身边,只能在信上说一句:"妈妈,您多保重。"

还有半年学习就要结束了,很快就要跟您团聚了。

祝您
身体健康

您的儿子
十二月三日

134. 他离开家多长时间了?
   A. 半年
   B. 一年

C. 一年半

D. 快两年

135. 跟他一起来北京的还有谁?

　　A. 父亲和妻子

　　B. 妻子和一个孩子

　　C. 两个孩子

　　D. 两个孩子和妻子

136. 他怎么去学校?

　　A. 骑自行车

　　B. 坐公共骑车

　　C. 坐出租车

　　D. 走路去

137. 他的国家吃午饭和晚饭的时间比中国:

　　A. 早一个小时

　　B. 早两个小时

　　C. 晚两三个小时

D. 晚几分钟

138. 北京的物价跟他的国家相比:

　　A. 高很多

　　B. 低不少

　　C. 完全一样

　　D. 差不多

139. 来北京以后,他去过长城吗?

　　A. 去过一次

　　B. 去过很多次

　　C. 还没去过

　　D. 不想去

140. 他现在住在哪儿?

　　A. 大饭店

　　B. 学生宿舍

　　C. 教师宿舍

　　D. 外宾招待所

答 题 纸

听力理解录音材料

(50题，约35分钟)

第 一 部 分

1. 一辆小汽车停在他家门口。

2. 他在一家书店里买画儿。

3. 他的院子里花都开了。

  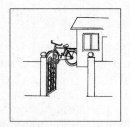 

4. 他是在一座桥上遇见了老朋友的。

5. 一位老太太牵着两只小狗在公园里散步。

6. 商店门前的电话亭里有一位姑娘正在打电话。

7. 飞机到北京机场时,天正下着大雨。

8. 奶奶的眼睛不好,看报要戴眼镜;爷爷的眼睛好,看报不用戴眼镜。

9. 他喜欢躺在床上看小说。

10. 他早上七点一刻离开家去上班。

11. 操场上几个年轻人在打篮球。

12. 我和朋友一起在河边钓鱼。

13. 我去邮局寄包裹时,邮局还没开门呢。

14. 桌上的花瓶让小猫碰到地上摔碎了。

15. 他从箱子里拿出一件大衣。

第 二 部 分

16. 新闻广播开始了吗？
17. 你参加他的婚礼了吗？
18. 是你打电话要出租车的吗？
19. 书店里正在卖一部新小说，是不是？
20. 你想让孩子学音乐吗？
21. 他怎么不高兴了？
22. 这条路天天堵车吗？
23. 你朋友生日是哪天？
24. 哪位大夫给你看的病？
25. 你们那里夏天热不热？
26. 你怎么一个人来了，小李呢？
27. 你工作的那家公司条件怎么样？
28. 听说你很喜欢喝茶，是不是？
29. 这块布够不够做一条裙子？
30. 你什么时候学会开车的？

第 三 部 分

31. 女：咱们今天去哪儿吃饭？
    男：哪儿都行，我听你的。
    问：男的是什么意思？

32. 女：请问这附近有邮局吗？
    男：前边那座高楼后边就是。
    问：邮局离这儿远不远？

33. 女：最近好长时间没见你太太出来散步了。
    男：她到上海看女儿了，再有一个星期就回来了。
    问：男的太太回来了吗？

34. 女：你买这么多花是送给谁的？
    男：我的一个朋友过生日，我给他买的。
    问：男的买花送给一个朋友是因为：

35. 女：你迟到了，你看都几点了？
    男：你不是说晚会七点半开始吗？我才迟到五分钟。
    问：男的是几点到的？

36. 女：喂，你睡着了吗？
    男：睡着了。
    女：你睡着了，怎么还能听见我说话？
    问：根据对话可以知道：

37. 女：你今年多大？

男：我姐姐24岁，我弟弟比我姐姐小4
　　岁，我比弟弟大2岁。
问：男的今年多大？

38. 女：你的腿怎么了？
　　男：别提了，我为了躲一个孩子，从自行
　　　　车上摔下来了。
　　问：根据对话可以知道：

39. 女：今晚的京剧演得真好。
　　男：可我一句也没听懂。
　　问：根据对话可以知道男的对京剧：

40. 女：你们国家夏天相当热，是不是？
　　男：可不是，经常是在28度到35度之间。
　　女：那我就决定不去你们那里旅行了。
　　男：秋天去吧，秋天不冷不热。
　　问：女的原来计划什么时候去旅行？

41—44题是根据下面一段对话：
　　女：你来北京一年多了，现在一切都习
　　　　惯了吧。
　　男：哪儿啊！一到冬天就总感冒。
　　女：那么，吃北方的饭应该是没什么问
　　　　题了吧。
　　男：当然，我在上海时，也经常吃面食，
　　　　特别是对面条、包子什么的都喜欢，
　　　　可是一看见馒头就饱了。你呢？
　　女：我虽然是南方人，可在北方长大的，
　　　　气候、饮食都没问题。

41. 他们现在在哪儿谈话？
42. 男的是什么地方人？
43. 根据对话可以知道男的对这个地方的气
　　候：

44. 根据对话可以知道男的喜欢吃：

45—47题是根据下面一段对话：
　　女：最近给你家打了好几次电话都没有
　　　　人接。
　　男：我去参加了一个贸易谈判会，那几
　　　　天都住在饭店里。我妻子去外地旅
　　　　行，所以家里没有人。
　　女：贸易谈判进行得怎么样？
　　男：还算顺利，会议昨天就结束了，比计
　　　　划提前了两天。
　　女：你太太也回来了吧。
　　男：她比我早一天回来的。噢，对了，你
　　　　打电话给我有什么事吗？
　　女：就是想问一下去香港开会的日期定
　　　　下来了没有？

45. 男的为什么没有在家？
46. 男的是什么时候回来的？
47. 女的给男的打电话是要问：

48—50题是根据下面一段话：
　　到了周末，我常去逛北京的书店，尤其
喜欢逛琉璃厂。琉璃厂是北京一条有名的
文化街。除了书店以外还有许多文物商店，
卖古代的字画和其他文物。那里的建筑和
街道还保持着几十年前的老样子，据说那里
书店的工作人员中国文学历史方面知识非
常丰富，对书的情况最了解。

48. 根据上面的一段话可以知道琉璃厂
　　是：
49. 去琉璃厂可以看到：
50. 书店里有什么样的工作人员？

参 考 答 案

一、听力部分

1. C	2. D	3. B	4. D
5. C	6. C	7. D	8. C
9. B	10. A	11. D	12. B
13. C	14. D	15. D	16. B
17. C	18. D	19. B	20. C
21. C	22. B	23. D	24. C
25. B	26. C	27. C	28. B
29. B	30. D	31. C	32. D
33. C	34. C	35. B	36. D
37. C	38. D	39. C	40. B
41. B	42. C	43. D	44. C
45. D	46. A	47. C	48. C
49. C	50. D		

二、语法结构

51. C	52. B	53. D	54. B
55. C	56. C	57. D	58. B
59. C	60. B	61. D	62. B
63. B	64. D	65. C	66. D
67. B	68. C	69. D	70. B
71. C	72. B	73. D	74. C
75. B	76. D	77. B	78. B
79. B	80. C	81. D	82. C
83. A	84. D	85. D	86. D
87. D	88. B	89. C	90. C

三、阅读理解

91. B	92. D	93. C	94. D
95. B	96. C	97. B	98. D
99. C	100. C	101. B	102. C
103. B	104. D	105. C	106. B
107. C	108. C	109. C	110. B
111. C	112. D	113. D	114. B
115. D	116. D	117. C	118. B
119. C	120. C	121. C	122. D
123. D	124. B	125. D	126. B
127. C	128. D	129. C	130. B
131. D	132. D	133. B	134. C
135. D	136. A	137. C	138. D
139. C	140. D		

第三套模拟试题

一、听力理解

（50题，约35分钟）

第 一 部 分

说明：1—15题，每一道题，你会听到一句话，在试卷上你会看到 **ABCD** 四张画，请你选出跟这句话内容一致的那一张，并在答卷上画一横道。请注意，这部分试题，每句听两遍。

例如：第2题，你听到：

    2. 他正在写信

    2. 他正在写信

你在试卷上看到四张画

A   B   C   D

第2题唯一正确的答案是 **C**，你应在答卷上找到号码2，在字母 **C** 上画一横道。

〔A〕   〔B〕   【C】   〔D〕

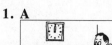

  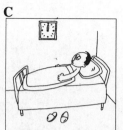 

1·1·1·1

2. A  B  C  D

3. A  B  C  D

4. A  B  C  D

5. A 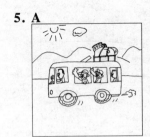 B  C  D

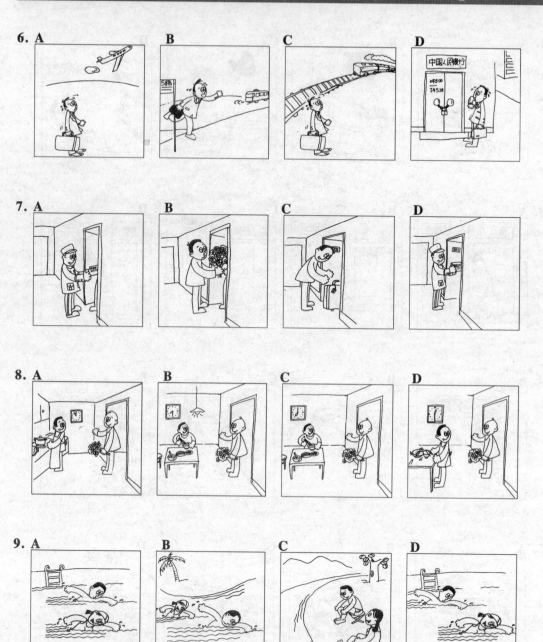

1·1·1·1·1

10.
A
B
C
D

11.
A
B
C
D

12.
A
B
C
D

13.
A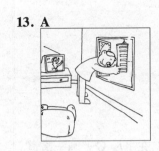
B
C
D

14. A B C D

15. A B C 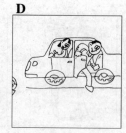D

第 二 部 分

说明：16—30 题，这部分试题，都是一个人问一句话，在试卷上你会看到 **ABCD** 四种回答，其中只有一种是正确的。请你找出它，并在答卷的字母上画一横道。请注意，这部分试题，每个问句听两遍。

例如：第 18 题，你听到：

    18. 你从来没有听过这个故事吗？

    18. 你从来没有听过这个故事吗？

你在试卷上看到四个回答：

    A. 不讲这个故事

    B. 不听这个故事

    C. 从来没有听过

    D. 故事很好听

第 18 题正确的回答是 **C**，你应该在答卷上找到号码 18，在字母 **C** 上画一横道。

18.〔A〕　〔B〕　■　〔D〕

16. A. 新闻很重要
    B. 没有什么重要新闻
    C. 报纸很重要
    D. 报纸上的新闻

17. A. 公共汽车很多
    B. 公共汽车比自行车快
    C. 骑自行车来的
    D. 他不是公共汽车司机

18. A. 我早上去了
    B. 明天有晚会
    C. 我没去
    D. 一块去吧

19. A. 词典重要
    B. 会查词典
    C. 这是词典
    D. 是新出版的

20. A. 考北京大学
    B. 他是大学生
    C. 考大学太难
    D. 大学没毕业

21. A. 这条街真长
    B. 这条街干净
    C. 这条街真热闹
    D. 是这样的

22. A. 我吃中国菜
    B. 做得不太好
    C. 我没去中国
    D. 中国菜好吃

23. A. 我会开车
    B. 他开得好
    C. 哥哥买的
    D. 汽车漂亮

24. A. 工厂很大
    B. 在工厂工作
    C. 是在工厂
    D. 不准备去

25. A. 刮大风了
    B. 飞机真快
    C. 当然不了
    D. 飞机人多

26. A. 宿舍很热
    B. 我喝热水
    C. 整天都有
    D. 这是热水

27. A. 生日礼物
    B. 送他礼物
    C. 礼物很贵
    D. 明天再说

28. A. 学习经济
    B. 很有兴趣
    C. 研究经济
    D. 中国经济

29. A. 买音乐会的票
    B. 有音乐会
    C. 我自己去买
    D. 我喜欢音乐

30. A. 坐汽车来的
    B. 屋子太挤了
    C. 人不算太多
    D. 车开得很慢

第 三 部 分

说明：31—50题，这部分试题是两个人的对话或一段话，第三个人根据对话或那段话问一个或几个问题，每个问题都有 **ABCD** 四种答案，请选出唯一正确的答案。请注意，这部分试题只听一遍。

例如：第35题，你听到：

　　35. 女：小王现在在哪儿？
　　　　男：我找过他，哪儿都没找到。
　　　　问：根据对话可以知道什么？

你在试卷上看到四个答案：

　　A. 男的刚见过小王
　　B. 男的没找着小王
　　C. 小王哪儿都没去
　　D. 男的没去找小王

第35题唯一正确的答案是 **B**，你应该在答卷上找到号码35，在字母 **B** 上画一横道。

35. 〔A〕　　〔C〕　〔D〕

31. A. 男的从来没在这里住过
    B. 男的以前在这里住过十多年
    C. 男的以前在这里住过近十年
    D. 女的对这里挺熟悉

32. A. 京剧好看
    B. 不喜欢画画儿
    C. 对京剧有兴趣
    D. 听不懂，不想去

33. A. 八点十分
    B. 八点十五分
    C. 八点半
    D. 八点四十五分

34. A. 香港
    B. 美国
    C. 上海
    D. 广州

35. A. 篮球
    B. 足球
    C. 排球
    D. 体操

36. A. 男的不能帮助女的
    B. 男的怕麻烦
    C. 男的愿意帮助女的
    D. 男的有困难

37. A. 男的日语比英语好
    B. 男的英语比日语好
    C. 男的专业不是英语
    D. 男的专业是日语

38. A. 男的比哥哥胖
    B. 男的比哥哥瘦
    C. 男的跟哥哥的个子一样
    D. 男的比哥哥高

39. A. 星期三
    B. 星期四
    C. 星期五
    D. 星期日

40. A. 车上人多
    B. 车票太贵
    C. 要换车太麻烦
    D. 不安全

41. A. 骑自行车的技术高
    B. 不用花车钱
    C. 可以锻炼身体,观赏风景
    D. 骑自行车不累

42. A. 买菜
    B. 买花
    C. 买画儿
    D. 买书

43. A. 知道
    B. 不知道
    C. 后来才知道
    D. 一直不知道

44. A. 去图书馆借书
    B. 去商店买东西
    C. 去书店买地图
    D. 去鞋店买皮鞋

45. A. 他怕麻烦
    B. 他的伞坏了
    C. 他不知道要下雨
    D. 他没有伞

46. A. 女的很注意自己的身体
    B. 男的很珍惜自己的东西
    C. 男的很喜欢下雨天出门
    D. 男的很注意保护公家的东西

47. A. 去旅行
    B. 留在学校
    C. 回家
    D. 结婚

48. A. 当教师
    B. 写小说
    C. 跟中国有关系的公司工作
    D. 在银行工作

49. A. 很高兴
    B. 不同意
    C. 高兴极了
    D. 结不结婚都行

50. A. 男留学生
    B. 女留学生
    C. 已结婚的男人
    D. 已结婚的妇女

二、语法结构

(40题,40分钟)

第 一 部 分

说明:51—70题,每个题里都有 **ABCD** 四个句子,请你找出唯一正确的句子。

例如:53. A. 电话修好了已经
B. 已经电话修好了
C. 电话已经修好了
D. 修好了电话已经

这个题正确的句子是 **C**,请在答卷上找到号码53,在字母 **C** 上画一横道。

53. 〔A〕　　〔B〕　　■C■　　〔D〕

51. A. 我的鞋一样大跟他的
B. 我的鞋他的跟一样大
C. 我的鞋跟他的一样大
D. 我的鞋一样大的跟他

52. A. 他的汉字写真漂亮得
B. 他的汉字写得真漂亮
C. 他真漂亮的汉字写得
D. 他的汉字真漂亮得写

53. A. 他在北京大学三年了学习
B. 他在北京大学学习了三年
C. 他在北京大学三年学习了
D. 他三年学习了在北京大学

54. A. 你们快进来屋休息休息
B. 你们进来屋快休息休息
C. 你们休息休息进屋快来
D. 你们快进屋来休息休息

55. A. 这是我刚从南方带来的
B. 这是刚我从南方带来的
C. 这是我刚南方从带来的
D. 这是我刚带来的从南方

56. A. 我一共三封信写过给他
B. 我一共给他写过三封信
C. 我一共给他三封信写过
D. 我一共三封信给他写过

57. A. 弟弟哥哥比跑得快一点儿
B. 弟弟比哥哥跑得一点儿快
C. 弟弟比哥哥跑得快一点儿
D. 弟弟比哥哥快一点儿跑得

58. A. 画画儿虽然难,但是我一定要继续学下去
B. 画画儿虽然难,但是我要继续一定学下去
C. 画画儿虽然难,但是我要一定继续下去学

D. 画画儿虽然难,但是我要继续学下去一定

59. A. 我已经那个工厂过参观了
B. 我已经那个工厂了参观过
C. 我已经参观那个工厂过了
D. 我已经参观过那个工厂了

60. A. 妈妈明天几个朋友请来吃饭
B. 妈妈明天请几个朋友来吃饭
C. 妈妈明天请来吃饭几个朋友
D. 妈妈明天来请吃饭几个朋友

61. A. 你把那本书能拿给我吗
B. 你能把那本书拿给我吗
C. 你把那本书能给我拿吗
D. 你能那本书把我拿给吗

62. A. 咱们休息再一会儿就出发吧
B. 咱们再休息就一会儿出发吧
C. 咱们再休息一会儿就出发吧
D. 咱们再一会儿休息就出发吧

63. A. 盘子里的小猫他家的鱼被吃光了
B. 盘子里的鱼他家的小猫被吃光了
C. 盘子里的鱼被他家的小猫吃光了
D. 盘子里的鱼被吃光了他家的小猫

64. A. 他花那么多钱不愿意去旅行
B. 他不愿意花那么多钱去旅行
C. 他花那么多不愿意钱去旅行

D. 他不愿意那么多花钱去旅行

65. A. 这个村子变得不出来认了
B. 这个村子变得不认出来了
C. 这个村子变得认不出来了
D. 这个村子变得认出不来了

66. A. 我们就要放暑假了
B. 我们暑假就要放了
C. 我们就要放了暑假
D. 我们就暑假要放了

67. A. 这个地方我也不一点儿喜欢
B. 这个地方也我一点儿不喜欢
C. 这个地方我一点儿也不喜欢
D. 这个地方我也不喜欢一点儿

68. A. 你今天是不去参观美术展览了吗
B. 你今天去参观不是美术展览了吗
C. 你今天不是去参观美术展览了吗
D. 你今天不是美术展览去参观了吗

69. A. 他一个工作跟有关系的公司在中国
B. 他在工作一个公司跟中国有关系的
C. 他在一个公司跟中国有关系的工作
D. 他在一个跟中国有关系的公司工作

70. A. 你放心,到时候会帮助你我一定的
B. 你放心,到时候我一定会帮助你的
C. 你放心,到时候一定会我帮助你的
D. 你放心,到时候我会帮助一定你的

第 二 部 分

说明：71—90题，每句话中都有一个空儿，每个空儿都有 **ABCD** 四个答案，请根据上下文的意思选择一个恰当的答案。

例如：

75. 我_____喜欢吃这个菜。

   A. 都
   B. 很
   C. 又
   D. 再

这一题的正确答案是 **B**，你应在答卷上找到号码 75，在字母 **B** 上画一横道。

75. 〔A〕　■　〔C〕　〔D〕

---

71. 这座饭店真高一共有四十多_____。

   A. 间
   B. 号
   C. 个
   D. 层

72. 他是最近_____报上看到的这条消息。

   A. 和
   B. 离
   C. 从
   D. 到

73. 正朝我们走过_____的是不是小王？

   A. 去
   B. 来
   C. 了
   D. 着

74. 这里的风景太漂亮_____！

   A. 啊
   B. 呢
   C. 吗
   D. 啦

75. 在父亲的影响_____，他当了一名外科医生。

   A. 上
   B. 里
   C. 中
   D. 下

76. 做为一个学生，就_____努力学习。

   A. 可以
   B. 应该
   C. 想
   D. 会

77. _____这方面的资料，我已经找到了。

   A. 根据
   B. 关于
   C. 为了
   D. 由于

78. 别着急，大夫马上就来_____。

   A. 呢

B. 吧
C. 了
D. 过

79. 我们公司不是不需要人_____一直没有找到合适的。
   A. 不但
   B. 虽然
   C. 因此
   D. 而是

80. _____跟他说了,他_____记不住。
   A. 既然……就……
   B. 因为……所以……
   C. 不仅……而且……
   D. 即使……也……

81. _____去南方旅行,他的兴趣不是太大。
   A. 就
   B. 对
   C. 连
   D. 当

82. 每年夏天这个时候,他_____去参加游泳比赛。
   A. 就
   B. 再
   C. 都
   D. 又

83. 他_____我们同学_____是最好的一个。
   A. 在……上面
   B. 在……下面
   C. 在……中间
   D. 在……外边

84. _____提高质量,这些商品就会吸引更多的顾客。

A. 只有
B. 只要
C. 由于
D. 虽然

85. 到了那里可别忘了_____我们写信啊!
   A. 往
   B. 问
   C. 给
   D. 让

86. 我家_____学校有二十多里远。
   A. 在
   B. 从
   C. 离
   D. 是

87. 那个大果树园就_____他家附近。
   A. 有
   B. 是
   C. 住
   D. 在

88. 他参加这个考试是_____去国外留学。
   A. 对于
   B. 为了
   C. 并且
   D. 因而

89. 你们认识七八年了_____还不结婚呢?
   A. 怎么样
   B. 为什么
   C. 是不是
   D. 行不行

90. 到了飞机场才想____飞机票忘在家里了。
   A. 出来
   B. 下来
   C. 起来
   D. 过来

三、阅读理解

（50题，60分钟）

第 一 部 分

> **说明**：91—110题，每段都有几个空儿，请你根据上下文的意思，在 **ABCD** 四个答案中选择一个恰当的答案，在答卷的字母上画一横道。

91—93

空气质量的问题__91__引起人们的__92__。专家学者指出，在重视大气污染问题的同时，也__93__对越来越__94__的室内环境污染引起重视。

91. A. 一小时比一小时　B. 一月比一月
　　C. 一天比一天　　　D. 一周比一周
92. A. 了解　B. 奇怪　C. 重视　D. 欢迎
93. A. 可以　B. 能够　C. 会　　D. 应该
94. A. 深刻　B. 强烈　C. 严重　D. 严厉

95—101

不管是家里的狗猫，还是森林里的狮子，它们都有一个__95__特点：永远不会为__96__的事后悔和为__97__担心。

就是鸟儿在最忙的时候，也经常停下来在树枝上歌唱。为了生命的__98__和活着的__99__而歌唱。

它们肚子__100__了才吃东西，想睡觉时就睡觉，而且每天都在运动着。

如果人类的生活态度也像__101__一样，一定会健康长寿得多。

95. A. 不同　B. 共同　C. 公共　D. 差别
96. A. 前天　B. 昨天　C. 后天　D. 明天
97. A. 昨天　B. 后天　C. 今天　D. 明天
98. A. 失去　B. 停止　C. 存在　D. 继续
99. A. 痛苦　B. 悲伤　C. 喜悦　D. 着急
100. A. 疼　B. 饱　C. 破　D. 饿
101. A. 我们 B. 你们 C. 他们 D. 它们

102—106

我是六年__102__离开家乡的。最近想__103__看一看。

到了家乡，没想到短短的几__104__，发生这么大的变化。又窄又小的土路变得又宽又平，竟可以走公共汽车了。我以前

102. A. 以后　B. 以上　C. 以内　D. 以前
103. A. 回来　B. 上去　C. 回去　D. 出去
104. A. 年　　B. 月　　C. 天　　D. 周

3·3·3·3·3

上过的小学校,变得简直不___105___了。又矮又黑的教室搬进了一座大楼里。操场上正在进行排球比赛。………

家乡变了,人也变了,连___106___也觉得特别蓝了。

105. A. 懂　B. 认识　C. 清楚　D. 了解
106. A. 地　B. 房子　C. 天　D. 草

107—110

人通常在早上的后半段和傍晚的中段精神最好。下午的时候人会感到越来越想___107___,下午两三点种是工作效率最低的时候。

用你工作效率最___108___的时间处理困难的事,工作效率低的时间用来看报、打扫或者清理信件。配合自己的精神状态去工作,可以花费的劳动力___109___,收到的成效___110___。

107. A. 唱　B. 跳　C. 睡　D. 吃
108. A. 低　B. 大　C. 多　D. 高
109. A. 多　B. 大　C. 少　D. 小
110. A. 多　B. 大　C. 少　D. 小

第 二 部 分

> **说明**:111—140题,每段文字都有一个或几个问题,每个问题都有 **ABCD** 四个答案,请根据它的内容选择一个恰当的答案。在答卷上的字母上画一横道。

111—116题是根据下面的短文

我有一张照片,一直保存着,现在我拿出来想把它烧掉。

这是一对年轻人站在江边照的。照片背面写着:"愿我们的爱情像东方升起的太阳……"看,我和她都笑得那么甜。

可是后来,当我正忙着准备结婚的时候,她却突然走了,只留下一句话:"为了你和我的幸福,分手吧!"

我和她的这段关系,妻子一点也不知道,为了减少麻烦我决定把照片烧掉。

刚烧完,妻子下班回来,从手提包里拿出一张照片。

这不是我刚烧掉的那张吗?

"刚才,我们医院有一个病人,临死前,她求我把这张照片保存起来,放在一个合适的地方。"

"这是为什么?"我有点糊涂了。

"这位病人告诉我这张照片的来历。当她发现自己得了肺癌,就悄悄地离开了她这位初恋的人,怕给他带来痛苦,宁可让他恨她……"

"啊！原来她……"我赶快去捡在地上烧剩下的一个角。

我落泪了,我告诉妻子,这张照片上的男人就是我。

妻子也落泪了:"我知道是你,她是一个好人。"

111. 照片中的"她"是谁?

　A. 他妹妹

　B. 他妻子

　C. 他以前的情人

　D. 他现在的朋友

112. 他为什么要烧掉那张照片?

　A. 照片照得不好

　B. 照片里的人死了

　C. 他不认识照片里的人

　D. 为了减少麻烦

113. 他的妻子在哪儿工作?

　A. 学校

　B. 公司

　C. 医院

　D. 银行

114. 他妻子拿回来一张照片是谁和谁照的?

　A. 他和他妻子

　B. 他和初恋的情人

　C. 他和他的女儿

　D. 他女儿和女儿的朋友

115. 照片上的女人为什么突然离开她初恋的男人?

　A. 她并不喜欢他

　B. 他跟别人结婚了

　C. 她发现自己得了肺癌

　D. 她又有了新朋友

116. 他看了照片落泪了是因为:

　A. 太生气了

　B. 太高兴了

　C. 妻子批评了他

　D. 误解了初恋的人

117—120题是根据下面的短文

老王最喜欢聊天,聊得高兴时就忘了自己在什么地方,因此发生不少可笑的事情。

一次,他去看一个朋友,晚饭后,两个人一边喝茶一边聊起来。已经是半夜了,他还在不停地说。朋友觉得很累,并且一直地看表,可是他又不想做不礼貌的事。最后,朋友实在不能再忍了,就说:"老王,我不是不愿意跟你再聊下去了,我明天一早还要上课,我必须上床睡觉了。"

"老天爷。"这时老王脸红红的,非常不好意思地说:"真对不起,我还以为你在我家呢!"

117. 老王发生不少可笑的事情是因为他:

　A. 喜欢喝酒

　B. 喜欢聊天

　C. 喜欢表演节目

　D. 喜欢去朋友家

118. 一次他和朋友聊到什么时候?

　A. 半夜

　B. 吃晚饭

　C. 第二天早上

　D. 下午五点

119. 朋友为什么一直看表?

　A. 看看表是不是在走

　B. 希望快结束聊天

　C. 表的样子很好看

　D. 表带坏了

120. 老王聊到很晚是因为他一直以为:

　A. 在咖啡馆聊天

　B. 他在朋友家聊天

　C. 朋友在他家聊天

　D. 在饭馆聊天

3·3·3·3·3

121—126题是根据下面的短文

几十年前对于"小盒子"里会演故事是不可想象不可理解的事。但今天很难想象一个家庭没有电视机。

据统计,最发达的美国平均每家有2.5台电视,平均每天看3.7小时,也就是一个人一年有56天在白天黑夜地看电视。如果一个人活到72岁,那么只是看电视的时间就有11年。

美国"反电视运动"是从1979年开始的。他们认为人们一直努力使电视节目更具有教育性,但从另一方面电视直接或间接地导致人们的失眠、心情不畅快、肥胖、文盲等社会问题。于是从1995年起,反电视组织把每年4月22日至4月28日定为"无电视周"。这一周里人们要关掉电视机,把注意力转向其他形式的娱乐活动。目前"无电视周"已从美国传播到了英国、加拿大、澳大利亚、丹麦等国,并得到美国药品协会、健康体育协会、教师协会等许多团体的支持。

121. "小盒子"是指什么?
   A. 收音机
   B. 录音机
   C. 磁带盒
   D. 电视机

122. 根据文章可以知道,在美国平均:
   A. 每2.5家有一台电视
   B. 每家有2.5台电视
   C. 每家有3.7台电视
   D. 每五家有一台电视

123. 根据文章可以知道在美国平均一个人每年看电视的时间是:
   A. 两个月
   B. 一个半月
   C. 三个星期
   D. 差四天两个月

124. 美国"反电视运动"是什么时候开始的?
   A. 1959
   B. 1979
   C. 1995
   D. 1998

125. "无电视周"的意思是:
   A. 这一周电视台没有节目
   B. 这一周电视台节目减少
   C. 这一周电视台节目时间短
   D. 这一周不看电视

126. 在美国很多团体对"无电视周":
   A. 支持
   B. 反对
   C. 不关心
   D. 抗议

127—133题是根据下面的短文

我做了35年的中学教师,明天就要退休了。

我记得开始当老师那年,我的学生学习都很好。只有一位同学不好好听讲,期中考试只得了15分。跟他谈话才知道他五岁时父亲死了,母亲走了,只有一个奶奶。

我开始给他辅导,他的成绩越来越好。我们经常叫他来家吃饭。他有什么事也来找我们商量。

他考上大学不久,我收到他的一封信,内容令我大吃一惊。

"老师原谅我骗了你一次,那年我不好好学习是故意这样做的。我没有爸爸,我也想有个爸爸,有事可以跟他商量。我看英文、语文、数学三位老师是男老师,我决定装做学习不好,看看他们的反映。英文、语文老师对我学习不关心,而且还骂我,罚我站

3·3·3·3·3

黑板,只有您不但问我怎么回事,而且还帮助我,我去您家故意穿得很少,你们立刻给我买衣服……我终于找到了爸爸妈妈……"

我们做老师的一天到晚考学生,没想到学生也在考我们。从此,我特别注意学习落后的学生。在我的帮助下,后来他们在社会上都做得很出色。

明天的退休茶会,骗我的学生也会来,我一定要对他说:"谢谢你,是你改变了我的一生,是我一生中对我影响最大的人。"

127. "我"在中学工作了多少年?
    A. 不到 30 年
    B. 整整 30 年
    C. 不到 35 年
    D. 整整 35 年

128. "我"在中学教什么?
    A. 语文
    B. 数学
    C. 英文
    D. 历史

129. "我"教过的学生学习怎么样?
    A. 学习好的只有一个
    B. 学习不好的很多
    C. 学习不努力的很少
    D. 有一半学习不好

130. "我"找那个学生谈话是因为那个学生:
    A. 母亲死了
    B. 跟别人吵架
    C. 奶奶病了
    D. 考试的成绩太差

131. "我"看了学生的信怎么样?
    A. 很吃惊
    B. 很高兴
    C. 很难过
    D. 很生气

132. 那个学生为什么骗"我"?
    A. 他喜欢骗人
    B. 喜欢看老师生气
    C. 需要一个父亲
    D. 故意给老师添麻烦

133. "我"非常感激骗他的学生是因为那个学生:
    A. 常给他写信
    B. 帮助他干活
    C. 没给他添麻烦
    D. 改变了他的一生

134—140

根据调查中国老百姓的家庭平均一年的收入比十几年前上升了 75%,他们的家庭储蓄平均也有一千多美元。

如果有了钱,而实际生活没有提高,那一年不是白干了吗?放着一大堆钱有什么用?

人们花钱最不怕多的是结婚娶媳妇,婚礼办得热热闹闹的。在五六十年代,人们结婚要有三件东西:钢笔、手表、收音机。十八年前的三大件是手表、自行车、缝纫机。但是没过多久,三件变成四件:单门电冰箱、单缸洗衣机、黑白电视机和收录机。当时有的年轻人手提大录音机在街上走,觉得很时髦,现在录音机改成了手机。

再后来四件变成了新五件:彩电、双门电冰箱、全自动洗衣机、高级音响和照相机。这世界上的事越来越说不清楚了……如今几大件是什么?人们向往的是汽车、住房、家庭影院,玩的是新(新加坡)马(马来西亚)泰(泰国)。再后来呢?……

134. 中国老百姓的家庭收入比十几年前提高了 75% 是指:

A. 一个月的收入
B. 一年的收入
C. 一周的年收入
D. 一天的月收入

135. 中国人在哪方面最不怕花钱？
A. 过生日
B. 旅行
C. 结婚
D. 过春节

136. 中国最早在五六十年代的时候，三大件是指的什么东西？
A. 手表、洗衣机、收音机
B. 自行车、钢笔、收音机
C. 手表、自行车、收音机
D. 手表、钢笔、收音机

137. 后来的四大件是指什么东西？
A. 单缸洗衣机、缝纫机、黑白电视机、照相机
B. 单门电冰箱、收录机、彩电、单缸洗衣机
C. 单缸洗衣机、黑白电视机、收录机、单门电冰箱
D. 录音机、彩电、单门电冰箱、照相机

138. 后来的四大件又变成了：
A. 新四件
B. 新五件
C. 新六件
D. 新七件

139. 现在人们在街上走手里拿的是什么？
A. 小收录机
B. 大录音机
C. 手机
D. 摄像机

140. 现在人们说去"新马泰"旅游是指：
A. 新西兰、马来西亚、泰国
B. 新疆、罗马、泰国
C. 新加坡、马来西亚、泰国
D. 新加坡、马里、泰国

答 题 纸

听力理解录音材料

(50题,约35分钟)

第 一 部 分

1. 晚上十二点了,他还在工作。

2. 他最喜欢躺在海边晒太阳。

3. 她经常去银行旁边那家商店买东西。

4. 7号运动员踢进去了一个球。

5. 我和朋友坐车去旅行那天天气特别好。

6. 他急急忙忙赶到火车站,火车已经开走了。

7. 邮递员给她送来了一个包裹。

8. 我去看朋友的时候,他正在吃早饭。

9. 妹妹比他游得快。

10. 除了自行车和行人以外，别的车都不能从这里通过。

11. 别看他个子又瘦又小，力气还挺大的呢。

12. 他每天早上都要去公园打一会太极拳。

13. 他在宿舍学习时，楼下有人喊他。

14. 这里有山有水，还有一座古塔，风景真好，我们照张相吧。

15. 他坐的出租汽车,司机是一位年轻的姑娘。

第 二 部 分

16. 今天报上有什么重要新闻?
17. 你是坐公共汽车来的吗?
18. 你昨天去参加晚会了吗?
19. 这是最近新出的词典吗?
20. 你为什么又不想考大学了?
21. 这条街每天都这么热闹是不是?
22. 你会做中国菜吗?
23. 这辆汽车是你的还是你哥哥的?
24. 你不准备去那家工厂工作了,是吗?
25. 天气不好,你还打算坐飞机去吗?
26. 你们宿舍是不是整天都有热水?
27. 你什么时候去买礼物?
28. 你对经济有没有兴趣?
29. 你要不要我帮你去买音乐会的票?
30. 你来的时候,汽车上挤不挤?

第 三 部 分

31. 女:你对这个地方挺熟悉。
    男:那当然,我以前在这里住过十多年,可以说是第二故乡了。
    问:根据对话可以知道:

32. 女:明天我请你去看京剧,有兴趣吗?
    男:算了吧,那个我一点也不懂
    问:男的是什么意思?

33. 女:你坐几点的火车走?
    男:晚上九点十五分的。
    女:还有半个小时就开车了,还不快走。
    问:现在是几点?

34. 女:考完试,你打算做什么?
    男:先去广州旅行,然后从香港回美国,你呢?
    女:我父母身体不好,考完试就马上回上海。
    问:女的家在哪儿?

35. 女:我看你对体育运动挺喜欢的。
    男:是啊,我篮球、排球、足球都喜欢,特别是排球,还参加过比赛呢?
    问:男的什么运动最好?

36. 女:你的工作这么忙,我真不好意思来麻烦你。
男：我们都是朋友，你有困难，我哪能不帮助你呢？
问：根据对话可以知道：

37. 女：你的英语、日语都说得这么好，是在哪儿学的？
男：我大学的专业是英语，日语是跟着广播学的，只学了一点。
问：根据对话可以知道：

38. 女：看你身上这件衣服又肥又大，不像你自己的。
男：我哥哥穿着瘦了，是他送给我的。
问：根据对话可以知道：

39. 女：你知道《音乐知多少》这个节目是什么时间播吗？
男：星期一、星期二、星期四和星期六的上午十点二十分，星期三和星期日的晚上十九点。
问：哪天不播这个节目？

40—41题是根据下面的对话：
女：咱们坐公共汽车去香山怎么样？
男：太麻烦了，还得换一次车。
女：那，叫辆出租车？
男：坐车多没意思，咱们骑自行车，又可以锻炼身体，又可以一路欣赏美丽的风景。
女：就听你的吧！

40. 他们不坐公共汽车去香山是因为：
41. 他们决定骑自行车去是因为：

42—43题是根据下面对话：
女：前边那么多人排队在买什么？

男：谁知道，准是在卖什么好吃的呗。
女：不对，你看，他们手里都拿着好多书。
男：好象是在卖新出版的小说。
女：咱们也去买两本。

42. 很多人在排队做什么？
43. 男的和女的他们知道是卖什么的吗？

44—46题是根据下面的对话：
女：你的全身都湿了，你去图书馆怎么也不带把伞呢？
男：今天早上出门的时候，没听天气预报，谁知道忽然变天了呢！
女：你借的那些书怎么样了？
男：你看，都好好的，一本也没湿。
女：那是怎么回事？
男：我用大衣包起来了。

44. 男的出去做什么了？
45. 天下雨了，他为什么不带伞？
46. 根据对话可以知道：

47—50题是根据下面一段话：
期末考试一结束，我就得赶快回国，因为最近我爸爸身体不太好。我的愿望是将来当一个翻译，可我的汉语水平还比较差，我想回国以后在一个跟中国有关系的公司工作，我正在考虑，还没拿定主意。我父母希望我能早一点结婚，我当然不愿意这么早就结婚、生孩子、照顾丈夫、做家务，多没有意思啊！

47. 考试结束后，"我"打算做什么？
48. "我"将来想做什么工作？
49. "我"的父母希望"我"早点结婚，"我"的态度怎么样？
50. "我"是一个什么样的人？

参 考 答 案

一、听力理解

1. B	2. D	3. B	4. C
5. A	6. C	7. D	8. C
9. D	10. A	11. C	12. C
13. D	14. C	15. B	
16. B	17. C	18. C	19. D
20. C	21. D	22. B	23. C
24. D	25. C	26. C	27. D
28. B	29. C	30. C	
31. B	32. D	33. D	34. C
35. C	36. C	37. B	38. B
39. C	40. C	41. C	42. D
43. C	44. A	45. C	46. D
47. C	48. C	49. B	50. B

二、语法结构

51. C	52. B	53. B	54. D
55. A	56. B	57. C	58. A
59. D	60. B	61. B	62. C
63. C	64. B	65. C	66. A
67. C	68. C	69. D	70. B
71. D	72. C	73. B	74. D
75. D	76. B	77. B	78. C
79. D	80. D	81. B	82. C
83. C	84. B	85. C	86. C
87. D	88. B	89. B	90. C

三、阅读理解

91. C	92. C	93. D	94. C
95. B	96. B	97. D	98. C
99. C	100. D	101. D	102. D
103. C	104. A	105. B	106. C
107. C	108. D	109. D	110. B
111. C	112. D	113. C	114. B
115. C	116. D	117. B	118. A
119. B	120. C	121. D	122. B
123. D	124. B	125. D	126. A
127. D	128. B	129. C	130. D
131. A	132. C	133. D	134. B
135. C	136. D	137. C	138. B
139. C	140. C		

第四套模拟试题

一、听力理解

(50题,约35分钟)

第 一 部 分

说明:1—15题,每一道题,你会听到一句话,在试卷上你会看到 **ABCD** 四张画,请你选出跟这句话内容一致的那一张,并在答卷上画一横道。请注意,这部分试题,每句听两遍。

例如:第2题,你听到:

    2. 他正在写信

    2. 他正在写信

你在试卷上看到四张画

A   B   C   D

第2题唯一正确的答案是 **C**,你应在答卷上找到号码2,在字母 **C** 上画一横道。

〔A〕   〔B〕   〔D〕

1. A   B   C   D

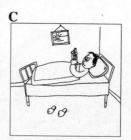

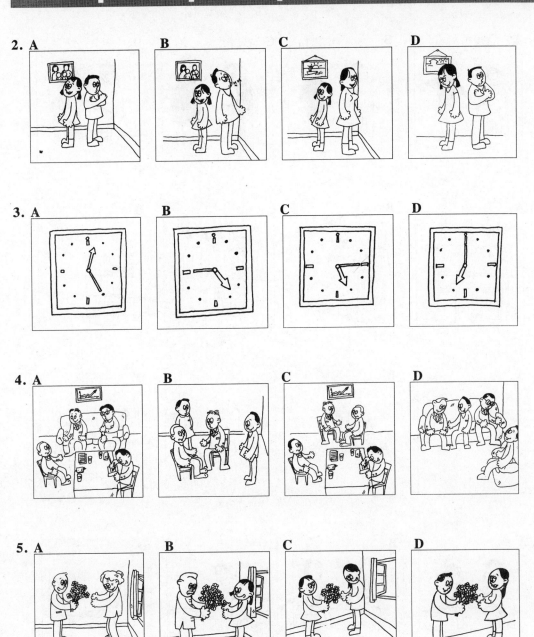

10. A 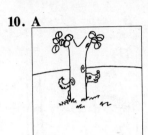 B 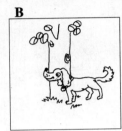 C  D

11. A  B  C  D

12. A 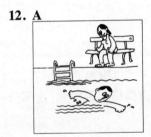 B  C  D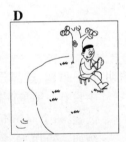

13. A 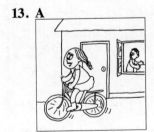 B  C  D

14. A B C D

15. A B C D

第 二 部 分

说明：16—30题，这部分试题，都是一个人问一句话，在试卷上你会看到 **ABCD** 四种回答，其中只有一种是正确的。请你找出它，并在答卷的字母上画一道横道。请注意，这部分试题，每个问句听两遍。

例如：第18题，你听到：

　　18.你从来没有听过这个故事吗？
　　18.你从来没有听过这个故事吗？

你在试卷上看到四个回答：

　　A.不讲这个故事
　　B.不听这个故事
　　C.从来没有听过
　　D.故事很好听

第18题正确的回答是 **C**，你应该在答卷上找到号码18，在字母 **C** 上画一横道。

18.〔A〕　　〔B〕　　⊂C⊃　　〔D〕

16. A. 很漂亮
    B. 上星期买的
    C. 买一件衬衫
    D. 他的那件衬衫

17. A. 不怎么样
    B. 去取衣服
    C. 一会儿去
    D. 跟朋友去饭店

18. A. 坐飞机来
    B. 飞机比火车快
    C. 火车没有飞机快
    D. 他们去上海

19. A. 他走得很快
    B. 他英文很好
    C. 他会数学
    D. 他马上就走

20. A. 《英汉词典》很好
    B. 他找不到《英汉词典》
    C. 他们有词典
    D. 不太会

21. A. 制造机器
    B. 自己国家制造的
    C. 设备很好
    D. 生产录音机

22. A. 不算太晚
    B. 他很高兴
    C. 他去旅行
    D. 一定去

23. A. 可能明天可能下星期一
    B. 那种照相机不好
    C. 明天去买录音机
    D. 下午去照相

24. A. 小王参加晚会
    B. 我还没决定
    C. 小张去过了
    D. 晚会很有意思

25. A. 他昨天报了名
    B. 他的名字叫张赛
    C. 他买了报纸
    D. 他喜欢乒乓球

26. A. 这是一个老钟
    B. 小王走得很快
    C. 他的发音很准
    D. 一点也不快

27. A. 不,他是我同屋的辅导老师
    B. 那位辅导老师不叫王文
    C. 他不是辅导老师
    D. 辅导老师没有来

28. A. 他们不坐船
    B. 一个半月
    C. 那条船很漂亮
    D. 船晚上八点开

29. A. 买东西很方便
    B. 家家都有电话
    C. 冬天常下雪
    D. 政府很重视教育

30. A. 他睡了
    B. 他在准备考试
    C. 太紧张,睡不着
    D. 明天有考试

第 三 部 分

说明：31—50题，这部分试题是两个人的对话或一段话，第三个人根据对话或那段话问一个或几个问题，每个问题都有 **ABCD** 四种答案，请选出唯一正确的答案。请注意，这部分试题只听一遍。

例如：第35题，你听到：

35. 女：小王现在在哪儿？
    男：我找过他，哪儿都没找到。
    问：根据对话可以知道什么？

你在试卷上看到四个答案：

　　A. 男的刚见过小王
　　B. 男的没找着小王
　　C. 小王哪儿都没去
　　D. 男的没去找小王

第35题唯一正确的答案是 B，你应该在答卷上找到号码35，在字母 B 上画一横道。

35.〔A〕　　〔C〕　〔D〕

31. A. 吃早饭
    B. 买菜
    C. 找帽子
    D. 找朋友

32. A. 她不知道
    B. 玛丽肯定不是最好的
    C. 玛丽不一定是最好的
    D. 玛丽是最好的

33. A. 比较好
    B. 非常好
    C. 没有人说好
    D. 不好

34. A. 她在西安住过比较长的时间
    B. 她愿意帮助人
    C. 她学过中国历史
    D. 安娜是她的好朋友

35. A. 能修
    B. 不能修
    C. 几分钟以后给她修
    D. 现在还不知道

36. A. 想从报道中找到小张说的事
    B. 想看一篇报道
    C. 想了解报道的内容
    D. 想下楼去

37. A. 去贸易公司
    B. 想明天再打电话
    C. 跟贸易公司联系
    D. 去商店买东西

38. A. 男的和小王都去爬山
    B. 男的去看电影，小王去爬山

C. 男的去爬山，小王去看电影
D. 男的跟小王一起去看电影

39. A. 他不懂礼貌
    B. 他忘了
    C. 他要吓小李一跳
    D. 他觉得不用敲门

40. A. 走东边那条
    B. 走西边那条
    C. 走哪条都不远
    D. 男的也不清楚

41. A. 什么时候也不想请人修
    B. 下雨的时候
    C. 不下雨的时候
    D. 今天

42. A. 小张自己
    B. 小张和他的女朋友
    C. 小张的女朋友
    D. 小张和别的人

43. A. 头疼
    B. 胃和肚子不舒服
    C. 脚疼
    D. 全身都不舒服

44. A. 以前晚上开会时不舒服
    B. 以前他觉得身体很好
    C. 以前第二天早上起来不舒服
    D. 以前忙的时候不舒服

45. A. 他病了
    B. 他刚退休
    C. 他老了
    D. 他工作太累

46. A. 小张
    B. 小王
    C. 小红
    D. 小孙

47. A. 数学和历史
    B. 数学
    C. 历史
    D. 英语

48. A. 一次
    B. 两次
    C. 六次
    D. 七次

49. A. 火车站售票员
    B. 公共汽车售票员
    C. 机场售票员
    D. 市场售票员

50. A. 有人说她好
    B. 有人说她不好
    C. 没有人说她好
    D. 没有人说她不好

二、语法结构

（40题，约40分钟）

第 一 部 分

说明：51—70题，每个题里都有 **ABCD** 四个句子，请你找出唯一正确的句子。

例如：53. A. 电话修好了已经

B. 已经电话修好了

C. 电话已经修好了

D. 修好了电话已经

这个题正确的句子是 **C**，请在答卷上找到号码53，在字母 **C** 上画一横道。

53. 〔A〕　〔B〕　　〔D〕

51. A. 他是大夫,她是也大夫
    B. 他是大夫,她也是大夫
    C. 他是大夫,她是大夫也
    D. 他是大夫,也她是大夫

52. A. 安娜没有我大
    B. 安娜大我没有
    C. 安娜没有大我
    D. 我大没有安娜

53. A. 请你再来明天
    B. 再来明天请你
    C. 你请再来明天
    D. 请你明天再来

54. A. 我们都也去旅行
    B. 我们去旅行也都
    C. 去旅行我们也都
    D. 我们也都去旅行

55. A. 我的电视把他弄坏了
    B. 他弄坏了把我的电视
    C. 他把我的电视弄坏了
    D. 我的电视弄坏了把他

56. A. 他爷爷每天起床早上六点
    B. 他爷爷起床六点每天早上
    C. 他爷爷每天早上六点起床
    D. 他爷爷每天起床六点早上

57. A. 大家昨天听说这件事才
    B. 大家昨天才听说这件事
    C. 才大家昨天听说这件事
    D. 大家昨天才听说这件事

58. A. 她跳舞跳得特别好
    B. 她跳舞得特别好
    C. 他特别好跳舞得
    D. 她得特别好跳舞

59. A. 他希望学汉语好
    B. 他希望学好汉语

C. 他学好汉语希望
D. 学好汉语他希望

60. A. 妹妹的裙子绿的是
B. 妹妹的绿的是裙子
C. 是绿的裙子妹妹的
D. 妹妹的裙子是绿的

61. A. 昨天我吃了晚饭就出去了
B. 昨天我吃晚饭了就出去了
C. 昨天就我吃了晚饭出去了
D. 昨天我吃了晚饭就出去

62. A. 他回来法国下星期二
B. 下星期二他回法国来
C. 他回法国来下星期二
D. 他下星期二回来法国

63. A. 我不上来回答这个问题
B. 这个问题我不回答上来
C. 我这个问题不回答上来
D. 我回答不上来这个问题

64. A. 他哭得像小孩儿一样
B. 他像小孩儿一样哭得
C. 他像小孩儿一样得哭
D. 他哭得一样像小孩儿

65. A. 我不听懂他说什么
B. 我听不懂他说什么
C. 他说什么我不听懂
D. 我听懂不他说什么

66. A. 一点儿也没意思这个地方
B. 这个地方没意思一点儿也
C. 这个地方也没意思一点儿
D. 这个地方一点儿也没意思

67. A. 现在坐出租车去他的宿舍只好了
B. 坐出租车只好去他的宿舍现在了
C. 现在只好坐出租车去他的宿舍
D. 只好去他的宿舍现在坐出租车了

68. A. 爸爸让去我买一瓶啤酒
B. 我买一瓶啤酒爸爸让去
C. 爸爸让我去买一瓶啤酒
D. 去买一瓶啤酒爸爸让我

69. A. 昨天连他也没说"再见"就离开这儿了
B. 昨天他连"再见"也没说就离开这儿了
C. 昨天他连没说"再见"也就离开这儿了
D. 他连"再见"也没说就离开这儿了昨天

70. A. 上星期六参加晚会的人很多
B. 上星期六人很多参加的晚会
C. 参加晚会的很多人上星期六
D. 参加晚会上星期六的人很多

第 二 部 分

说明：71—90题，每句话中都有一个空儿，每个空儿都有 **ABCD** 四个答案，请根据上下文的意思选择一个恰当的答案。

例如：

　　75．我_____喜欢吃这个菜。

　　　　A．都
　　　　B．很
　　　　C．又
　　　　D．再

这一题的正确答案是 **B**，你应在答卷上找到号码75，在字母 **B** 上画一横道。

　　75．〔A〕　　■　　〔C〕　　〔D〕

71．她今天穿了一_____新裙子。
　　A．个
　　B．把
　　C．条
　　D．双

72．那个公园_____这儿不远。
　　A．离
　　B．从
　　C．在
　　D．到

73．他的房间里有两_____书。
　　A．碗
　　B．杯
　　C．箱
　　D．身

74．你的行李在这儿，你朋友的_____？
　　A．吗
　　B．呢
　　C．吧
　　D．啊

75．我听说他们明年结婚，_____？
　　A．好不好
　　B．行不行
　　C．有没有
　　D．是不是

76．他还没去_____长城呢。
　　A．过
　　B．了
　　C．到
　　D．回

77．他说那个商店的东西便宜，_____我就去了。
　　A．于是
　　B．就
　　C．因为
　　D．否则

78．刚才你骑车撞了人家，应该_____人家道歉。

A. 往
B. 对
C. 向
D. 在

79. 我找了半天_____找到那个地方。
A. 就
B. 才
C. 再
D. 都

80. 这本杂志他看_____三遍还想看。
A. 着
B. 到
C. 又
D. 了

81. 这件事做起来_____费时_____费力。
A. 因为……所以……
B. 不但……而且……
C. 只要……就……
D. 虽然……但是……

82. 那个孩子哭喊_____跑走了。
A. 着
B. 了
C. 去
D. 过

83. 还是记在本子上吧,____忘了就麻烦了。
A. 万一
B. 究竟
C. 所以
D. 根据

84. 我_____滑冰,可是教不了你。
A. 应该
B. 愿意
C. 会

D. 要

85. _____厂长的领导_____,他们终于完成了这个任务。
A. 在……上
B. 在……中
C. 在……下
D. 在……里

86. _____他的介绍,大家对那儿有了一点了解。
A. 自从
B. 按照
C. 对于
D. 根据

87. 一到节日,大家都____地去参加联欢活动。
A. 高兴高兴
B. 高高兴兴
C. 高兴一下
D. 高一下兴

88. 我非把这个词的意思弄清楚_____。
A. 一下
B. 不可
C. 一点
D. 一会

89. 最近忙极了,_____没空儿去看你。
A. 一直
B. 一起
C. 一块儿
D. 一共

90. 很多年没见,她变胖了,我认____她了。
A. 不了
B. 不到
C. 不动
D. 不出

三、阅 读 理 解

（50题，60分钟）

第 一 部 分

> 说明：91—110题，每段都有几个空儿，请你根据上下文的意思，在ABCD四个答案中选择一个恰当的答案，在答卷的字母上画一横道。

91—93

一天夜里，我____91____床上睡觉，忽然被楼下什么声音吵醒了。我起来到楼下一看，____92____，我家的狗作了妈妈，它一次生了六只漂亮的小狗。我高兴极了，马上把这些小狗一只一只洗干净，再把它们放到它们妈妈的____93____。

91. A. 一直　B. 一定　C. 正在　D. 只在
92. A. 原来　B. 本来　C. 当然　D. 自然
93. A. 上边　B. 下边　C. 中间　D. 旁边

94—98

我儿子8岁的时候，忽然耳朵听不见了。跑了多少医院都没治好，我和儿子都非常____94____。上课他听不见老师的话，只能____95____课本学习。回到家里我用各种办法帮助他，后来他初中毕了业，可是没考上高中。我____96____他说："妈妈就是你的老师，我一定让你学完高中的课。"孩子哭了。我想，一个人的一生可能遇到各种各样____97____的事，我是他母亲，我有____98____帮助他学习。

94. A. 可怕　B. 痛苦　C. 快乐　D. 老实
95. A. 尽　　B. 靠　　C. 经　　D. 拣
96. A. 表扬　B. 批评　C. 建议　D. 鼓励
97. A. 不幸　B. 难过　C. 满意　D. 利害
98. A. 责任　B. 力量　C. 教材　D. 价值

99—104

有一位老人，虽然70多岁了，身体还不错，只是耳朵听不清楚了。可他不____99____让人家知道。别人说话的时候，

99. A. 赞成　B. 照顾　C. 愿意　D. 反对

3·3·3·3·3

他都作出____100____听的样子。别人说完了,他还点点头,____101____听清楚了。

一天,他跟几个朋友一起喝酒,一个朋友说了一个笑话,大家听了都哈哈大笑起来,老人也笑起来,还说:"这个笑话不错,我给你们讲一个更有意思的。"大家说:"好。"____102____,老人的笑话刚讲完,大家笑得更____103____,他的孙子在他的耳朵边大声说:"爷爷,____104____刚才说的就是这个笑话。"

100. A. 热情　B. 认真　C. 满意　D. 努力
101. A. 表达　B. 表示　C. 促进　D. 影响
102. A. 结果　B. 必然　C. 自然　D. 当然
103. A. 热闹　B. 大声　C. 随便　D. 厉害
104. A. 人家　B. 人们　C. 邻居　D. 同学

105—110

在中国春节是最____105____的节日,过春节也叫"过年"。人们希望跟家里人一起过。春节的前一天最热闹,我朋友家从下午就开始准备晚饭,要做很多好吃的东西。吃晚饭的时候,桌子上放着十几个菜,这些菜都是我朋友的母亲做的。____106____都非常好。吃饭时,我朋友____107____为我们的友谊干杯,我也向他们____108____节日。他们对我非常热情。吃完晚饭大家一起聊天,一起说笑。他的弟弟妹妹晚上不睡觉,____109____玩到第二天早上,这叫欢送旧年,迎接新年。____110____,明年我就要回国了,不能跟中国朋友一起过春节了。

105. A. 重要　B. 主要　C. 要紧　D. 必要
106. A. 价格　B. 质量　C. 味道　D. 样子
107. A. 提倡　B. 提供　C. 提议　D. 提前
108. A. 庆祝　B. 问候　C. 问好　D. 祝贺
109. A. 一共　B. 一直　C. 首先　D. 然后
110. A. 可怜　B. 可惜　C. 可怕　D. 可靠

3·3·3·3·3

第 二 部 分

> **说明**：111—140题，每段文字都有一个或几个问题，每个问题都有 **ABCD** 四个答案，请根据它的内容选择一个恰当的答案。在答卷上的字母上画一横道。

111.
　　这个小城市的交通虽然没有首都方便，但是最近几年发展的速度很快，小城市的人口也没有首都那么多，所以坐车比较容易。

111. 这个小城市坐车容易的原因是：
　　A. 交通非常方便
　　B. 汽车的速度很快
　　C. 人口不太多
　　D. 汽车的数量比较多

112—113
　　小王住的那个地方冬天常常下雪，很多人都喜欢冰上运动，有的人还能在冰上跳舞，小王很羡慕他们。他看别人滑冰的时候，觉得滑冰很容易，可是现在自己开始学了，才知道要学会滑冰还真难。他学了两年还滑不好，从前他总觉得别人没有自己聪明，现在他才知道这方面他不如别人。

112. 小王为什么要学滑冰？
　　A. 为了锻炼身体
　　B. 为了滑得跟别人一样好
　　C. 觉得滑冰很容易
　　D. 因为他住的地方可以滑冰

113. 小王现在知道他在什么方面比别人差？
　　A. 学习方面
　　B. 跳舞方面
　　C. 学习滑冰方面
　　D. 有的方面

114—115
　　张文最喜欢体育，当然对报纸上广播里这方面的消息特别关心。但是他对国内外的大事也很感兴趣。例如，全国人民代表大会开幕了，这就是一条很重要的新闻。在每天的电视新闻节目里差不多都有关于中国经济发展的消息，要是有时赶不回家，他一定让妻子帮他录下来。

114. 张文用什么办法了解国内经济发展的情况？
　　A. 看报纸
　　B. 听广播
　　C. 看电视
　　D. 听妻子介绍

115. 张文最喜欢了解的是：
　　A. 国内外大事
　　B. 国内经济发展的消息
　　C. 全国人民代表大会开会的情况
　　D. 关于体育方面的消息

116—118
　　他和她常常一起玩。他爱她很久了，但是没有勇气向她表示自己的爱。一天他对她说："我交了一个女朋友，准备跟她结婚，不知道她同意不同意。"她非常吃惊，以为自己的耳朵听错了，伤心地问他："你有女朋友了？""是的，我们认识好几年了。这是她的照片。"她拿过照片一看，激动地看着他笑了。

116. 他没有直接向她表示爱情是因为：

3·3·3·3·3

A．不好意思

B．她不同意跟他结婚

C．他不爱她

D．她伤心了

117．听了他的话以后她怎么样？

A．以为他有了新的女朋友

B．跟他要女朋友的照片

C．勇敢地向他表示了爱情

D．吃惊地看着他

118．你猜，照片上的姑娘是谁？

A．是他新的女朋友

B．是他认识好几年的同学

C．是他的妹妹

D．是这个姑娘自己

119—122

　　老张总爱说大话，见到朋友就往饭馆里拉，说："我请你吃饭，请你喝酒。"好像表现得特别热情。可是吃完了饭，擦擦嘴，他却摸着口袋吃惊地说："糟糕！我忘了带钱，今天这顿饭请你代我付钱吧！"

　　有一天，他在街上遇到一个朋友，又像过去那样，非拉着人家进饭馆不可。他的朋友非常高兴，说："太好了，我正饿得很呢。不过，我并不希望吃什么好菜好酒，而且有急事要办。你还是先借我几块钱，我去买点儿面包、点心什么的。"老张一听赶快溜走了。

119．老张常常怎么说大话？

A．请朋友吃饭

B．拉朋友去饭馆喝酒

C．让朋友付钱请他吃饭

D．他说请客却让别人付钱

120．这一天他的朋友为什么没有去饭馆？

A．他知道老张爱说大话

B．他喜欢吃面包、点心

C．他只想借几块钱

D．他不想请老张吃饭

121．老张为什么赶快溜走了？

A．他怕朋友跟他借钱

B．今天他不想吃好酒好菜

C．他还要去办一件急事

D．他一点也不饿

122．''说大话''是什么意思？

A．说的话做不到

B．拉别人去饭馆吃饭不付钱

C．说很多热情的话

C．说别人爱听的话

123—126

　　从前有个农民养了一匹白马。这匹马长得又高又大，四条腿又细又长，两只眼睛又明又亮。最让农民满意的是，他每次骑着这匹白马去参加赛马都能得冠军。可是有一天这匹马被人偷了。第二天农民去见了大官，把丢马的事和马的样子都报告了大官。大官说："你先回去吧，有什么消息我通知你。"这匹马到了偷马人的家，他给马好吃的，马不吃，他给马好喝的，马不喝。偷马人以为马得了病，就想把马卖了。他骑着这匹马向市场走去。这时这农民也到市场来买东西，马见了自己的主人就向他跑过去。这样，农民就把偷马人抓住了。

123．农民喜欢这匹马最主要的原因是：

A．这匹马长得很漂亮

B．它跑得特别快

C．它是一匹白马

D．是农民亲手把它养大的

124．这匹马到了偷马人家后为什么不吃不喝？

A．它病了

B．偷马人给它吃的东西不好

99

C. 它不习惯在偷马人家里
　　D. 它的腿跑断了
125. 农民为什么去见那位大官？
　　A. 希望得到大官的帮助
　　B. 大官知道谁偷了他的马
　　C. 大官是农民的朋友
　　D. 大官也喜欢养马
126. 马是怎么回到农民身边的？
　　A. 偷马人给他送回来的
　　B. 大官通知他去领的
　　C. 马在市场上发现了自己的主人
　　D. 农民在偷马人家中找到的

127—130

　　李先生经常爱丢东西，有时丢了眼镜，有时丢了雨伞，也常忘事。一天早上他去上班，妻子把一封信放在他的口袋里说："邮票已经贴好了，别忘了寄，信里有要紧的事。"他答应着："放心吧。"从家里出来，他想着这件事，可一上公共汽车他就开始想别的事了。下车刚走一会儿，就有一位不认识的人从后边走过来对他说："别忘了你的信。"他这时才想起寄信的事，马上向邮局跑去。可他不明白，这个人怎么知道他要寄信呢？过了一会儿又有一个人从后边走过来说："您没忘了寄信吧。"到了公司门口，他的朋友张先生从后边走到他面前说："你的信寄了吗？"李先生说："真见鬼！你们怎么都知道我要寄信啊？"张先生一边笑一边从他的大衣后边拿下一张"请提醒我丈夫寄信"的纸条来。

127. 别人怎么会提醒李先生寄信的？
　　A. 他们都是他的朋友
　　B. 他们知道他有信要寄
　　C. 信里有重要的事
　　D. 看到提醒他寄信的纸条

128. 妻子用什么办法让他记住寄信这件事？
　　A. 把信放在他的口袋里
　　B. 把邮票也贴好
　　C. 告诉张先生提醒他
　　D. 把一张提醒他寄信的纸条贴在他身后
129. 他是什么时候把寄信的事忘记的？
　　A. 坐汽车的时候
　　B. 在公司门口
　　C. 一出家门
　　D. 遇到张先生以后
130. 李先生有一个什么毛病？
　　A. 常常忘了寄信
　　B. 记忆力不太好
　　C. 爱在汽车上想事
　　D. 常说："真见鬼！"

131—135

　　我女儿已经大学二年级了。放暑假的时候她准备跟两个同学到百货大楼去打工。本来我和妻子都希望她利用暑假好好复习复习功课，可女儿说："要靠自己的本事挣钱交学费。"我们觉得她说的也有道理，让她锻炼锻炼吧。

　　第一天下班回来，女儿激动得不得了，觉得自己长大了，能挣钱了。第二天晚上回来，她给我们讲各种顾客买东西时的不同心情，觉得又新鲜又有意思。第三天回来她说头疼、腰疼，哪儿都疼。临睡时，她对妈妈说："妈，我现在才知道你跟爸挣钱多不容易啊！"开学了，女儿送给我们一些礼物，临去学校时，她忽然说："以后我一定要当老板。"我和妻子都呆住了。

131. 这篇文章讲的是：
　　A. 女儿上大学的事

B. 女儿身体不好
C. 女儿暑假打工的情况
D. 父母希望女儿好好复习

132. 女儿的想法是：
   A. 利用暑假锻炼身体
   B. 去百货大楼买礼物
   C. 利用暑假自己挣钱交学费
   D. 暑假里跟同学去旅游

133. 女儿为什么说，现在才知道父母挣钱不容易？
   A. 父母常头疼、腰疼
   B. 父母告诉她的
   C. 她知道父母工作很辛苦
   D. 她自己有了体会

134. 女儿以后想当老板是因为：
   A. 让父母高兴
   B. 让别人羡慕
   C. 要了解各种顾客的心情
   D. 能挣很多钱

135. 父母听了女儿的话呆住了，是因为：
   A. 没想到女儿会这么说
   B. 赞成女儿的话
   C. 对女儿表示理解
   D. 觉得女儿的话有道理

136—140
    她和他肩并肩地坐在湖边的大树下，他说："要是我们去划船，我会跳下去游个痛快。""当然了，全市大学生游泳冠军嘛。过两天你当老师教教我，行吗？"他说："没问题。不过，你没必要学，我这么爱你，如果你掉进河里，我还能不救你吗？"她笑着说："别说得像英雄似的，弄脏了你的新衣服就太可惜了。""新衣服算什么？我爸爸有的是钱。"他刚说完，湖中有人忽然大喊："救人啊！有人掉进湖里了！"她连忙对他说："快，下水救人！"见他不动，她推了他一下，说："你快一点啊！"他只好慢慢地脱下衣服，把衣服放在她手上，没等他脱鞋，人已经被救上来了。不知什么时候她已经走了，他一个人站在那儿，晚风吹来，觉得特别冷。

136. 从文章中看她和他是什么关系？
   A. 同学关系
   B. 师生关系
   C. 恋爱关系
   D. 邻居关系

137. 她为什么让他下水救人？
   A. 他是大学生
   B. 他是游泳冠军
   C. 他是男的
   D. 他可以当英雄

138. 他为什么脱衣服脱得那么慢？
   A. 他怕弄脏新衣服
   B. 他不想救人
   C. 他怕湖水太冷
   D. 他穿的衣服太多

139. 她为什么走了？
   A. 对他不满意
   B. 觉得他脱衣服脱得太慢
   C. 没教她游泳
   D. 有事先走了

140. 他感到特别冷是因为：
   A. 他不舒服
   B. 他还没穿上衣服
   C. 天黑了
   D. 她离开他了

答 题 纸

	1		1			1		1	
1 〔A〕〔B〕〔C〕〔D〕	6 〔A〕〔B〕〔C〕〔D〕	11 〔A〕〔B〕〔C〕〔D〕	16 〔A〕〔B〕〔C〕〔D〕	21 〔A〕〔B〕〔C〕〔D〕	26 〔A〕〔B〕〔C〕〔D〕	31 〔A〕〔B〕〔C〕〔D〕	36 〔A〕〔B〕〔C〕〔D〕	41 〔A〕〔B〕〔C〕〔D〕	46 〔A〕〔B〕〔C〕〔D〕
2 〔A〕〔B〕〔C〕〔D〕	7 〔A〕〔B〕〔C〕〔D〕	12 〔A〕〔B〕〔C〕〔D〕	17 〔A〕〔B〕〔C〕〔D〕	22 〔A〕〔B〕〔C〕〔D〕	27 〔A〕〔B〕〔C〕〔D〕	32 〔A〕〔B〕〔C〕〔D〕	37 〔A〕〔B〕〔C〕〔D〕	42 〔A〕〔B〕〔C〕〔D〕	47 〔A〕〔B〕〔C〕〔D〕
3 〔A〕〔B〕〔C〕〔D〕	8 〔A〕〔B〕〔C〕〔D〕	13 〔A〕〔B〕〔C〕〔D〕	18 〔A〕〔B〕〔C〕〔D〕	23 〔A〕〔B〕〔C〕〔D〕	28 〔A〕〔B〕〔C〕〔D〕	33 〔A〕〔B〕〔C〕〔D〕	38 〔A〕〔B〕〔C〕〔D〕	43 〔A〕〔B〕〔C〕〔D〕	48 〔A〕〔B〕〔C〕〔D〕
4 〔A〕〔B〕〔C〕〔D〕	9 〔A〕〔B〕〔C〕〔D〕	14 〔A〕〔B〕〔C〕〔D〕	19 〔A〕〔B〕〔C〕〔D〕	24 〔A〕〔B〕〔C〕〔D〕	29 〔A〕〔B〕〔C〕〔D〕	34 〔A〕〔B〕〔C〕〔D〕	39 〔A〕〔B〕〔C〕〔D〕	44 〔A〕〔B〕〔C〕〔D〕	49 〔A〕〔B〕〔C〕〔D〕
5 〔A〕〔B〕〔C〕〔D〕	10 〔A〕〔B〕〔C〕〔D〕	15 〔A〕〔B〕〔C〕〔D〕	20 〔A〕〔B〕〔C〕〔D〕	25 〔A〕〔B〕〔C〕〔D〕	30 〔A〕〔B〕〔C〕〔D〕	35 〔A〕〔B〕〔C〕〔D〕	40 〔A〕〔B〕〔C〕〔D〕	45 〔A〕〔B〕〔C〕〔D〕	50 〔A〕〔B〕〔C〕〔D〕

	2		2			2		2	
51 〔A〕〔B〕〔C〕〔D〕	55 〔A〕〔B〕〔C〕〔D〕	59 〔A〕〔B〕〔C〕〔D〕	63 〔A〕〔B〕〔C〕〔D〕	67 〔A〕〔B〕〔C〕〔D〕	71 〔A〕〔B〕〔C〕〔D〕	75 〔A〕〔B〕〔C〕〔D〕	79 〔A〕〔B〕〔C〕〔D〕	83 〔A〕〔B〕〔C〕〔D〕	87 〔A〕〔B〕〔C〕〔D〕
52 〔A〕〔B〕〔C〕〔D〕	56 〔A〕〔B〕〔C〕〔D〕	60 〔A〕〔B〕〔C〕〔D〕	64 〔A〕〔B〕〔C〕〔D〕	68 〔A〕〔B〕〔C〕〔D〕	72 〔A〕〔B〕〔C〕〔D〕	76 〔A〕〔B〕〔C〕〔D〕	80 〔A〕〔B〕〔C〕〔D〕	84 〔A〕〔B〕〔C〕〔D〕	88 〔A〕〔B〕〔C〕〔D〕
53 〔A〕〔B〕〔C〕〔D〕	57 〔A〕〔B〕〔C〕〔D〕	61 〔A〕〔B〕〔C〕〔D〕	65 〔A〕〔B〕〔C〕〔D〕	69 〔A〕〔B〕〔C〕〔D〕	73 〔A〕〔B〕〔C〕〔D〕	77 〔A〕〔B〕〔C〕〔D〕	81 〔A〕〔B〕〔C〕〔D〕	85 〔A〕〔B〕〔C〕〔D〕	80 〔A〕〔B〕〔C〕〔D〕
54 〔A〕〔B〕〔C〕〔D〕	57 〔A〕〔B〕〔C〕〔D〕	62, 〔A〕〔B〕〔C〕〔D〕	66 〔A〕〔B〕〔C〕〔D〕	70 〔A〕〔B〕〔C〕〔D〕	74 〔A〕〔B〕〔C〕〔D〕	78 〔A〕〔B〕〔C〕〔D〕	82 〔A〕〔B〕〔C〕〔D〕	86 〔A〕〔B〕〔C〕〔D〕	90 〔A〕〔B〕〔C〕〔D〕

	1		1		1			1	
91 〔A〕〔B〕〔C〕〔D〕	96 〔A〕〔B〕〔C〕〔D〕	101 〔A〕〔B〕〔C〕〔D〕	106 〔A〕〔B〕〔C〕〔D〕	111 〔A〕〔B〕〔C〕〔D〕	116 〔A〕〔B〕〔C〕〔D〕	121 〔A〕〔B〕〔C〕〔D〕	126 〔A〕〔B〕〔C〕〔D〕	131 〔A〕〔B〕〔C〕〔D〕	136 〔A〕〔B〕〔C〕〔D〕
92 〔A〕〔B〕〔C〕〔D〕	97 〔A〕〔B〕〔C〕〔D〕	102 〔A〕〔B〕〔C〕〔D〕	107 〔A〕〔B〕〔C〕〔D〕	112 〔A〕〔B〕〔C〕〔D〕	117 〔A〕〔B〕〔C〕〔D〕	122 〔A〕〔B〕〔C〕〔D〕	127 〔A〕〔B〕〔C〕〔D〕	132 〔A〕〔B〕〔C〕〔D〕	137 〔A〕〔B〕〔C〕〔D〕
93 〔A〕〔B〕〔C〕〔D〕	98 〔A〕〔B〕〔C〕〔D〕	103 〔A〕〔B〕〔C〕〔D〕	108 〔A〕〔B〕〔C〕〔D〕	113 〔A〕〔B〕〔C〕〔D〕	118 〔A〕〔B〕〔C〕〔D〕	123 〔A〕〔B〕〔C〕〔D〕	128 〔A〕〔B〕〔C〕〔D〕	133 〔A〕〔B〕〔C〕〔D〕	138 〔A〕〔B〕〔C〕〔D〕
94 〔A〕〔B〕〔C〕〔D〕	99 〔A〕〔B〕〔C〕〔D〕	104 〔A〕〔B〕〔C〕〔D〕	109 〔A〕〔B〕〔C〕〔D〕	114 〔A〕〔B〕〔C〕〔D〕	119 〔A〕〔B〕〔C〕〔D〕	124 〔A〕〔B〕〔C〕〔D〕	129 〔A〕〔B〕〔C〕〔D〕	134 〔A〕〔B〕〔C〕〔D〕	139 〔A〕〔B〕〔C〕〔D〕
95 〔A〕〔B〕〔C〕〔D〕	100 〔A〕〔B〕〔C〕〔D〕	105 〔A〕〔B〕〔C〕〔D〕	110 〔A〕〔B〕〔C〕〔D〕	115 〔A〕〔B〕〔C〕〔D〕	120 〔A〕〔B〕〔C〕〔D〕	125 〔A〕〔B〕〔C〕〔D〕	130 〔A〕〔B〕〔C〕〔D〕	135 〔A〕〔B〕〔C〕〔D〕	140 〔A〕〔B〕〔C〕〔D〕

听力理解录音材料

(50题,约35分钟)

第 一 部 分

1. 他正躺在床上看书呢。

2. 哥哥比妹妹高。

3. 现在差一刻五点。

 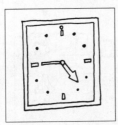 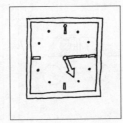 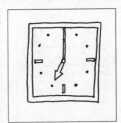

4. 他们开会,有的坐在椅子上,有的坐在沙发上。

5. 给姑娘送花的是一位年轻的小伙子。

6. 小张的毛衣跟小李的毛衣颜色一样,可是长短不一样。

7. 房子上有一对鸟儿,它们正在唱歌。

8. 那天我来的时候,看见有人正从汽车上往下搬东西。

9. 小王的弟弟跑得没我快。

10. 一只小狗躲在一棵树后边。

11. 昨天我跟小王在公园里照了一张相。

12. 正在打蓝球的那个人就是小王的男朋友。

13. 我站在窗户前往外看的时候,一个人骑着自行车正从前边经过。

14. 晚会上大家一边吃一边喝,真高兴。

15. 前天我们是坐公共汽车回学校来的。

第 二 部 分

16. 你觉得那件衬衫怎么样?
17. 他不舒服吗? 要不要去医院?
18. 他们坐火车来还是坐飞机来?
19. 小土现在回不回家?
20. 你们都会查《汉英词典》吗?
21. 这个工厂的设备是哪儿制造的?
22. 已经十点了,现在去行不行?
23. 我们什么时候去买照相机?

24. 明天的晚会你到底参加不参加?
25. 下个月五号有足球比赛,小张报名了没有?
26. 你家的那个钟不太准,走得快了吧?
27. 那位老师辅导你吗?
28. 从那个国家坐船到中国得多长时间?
29. 那儿的通讯情况怎么样?
30. 他明天要考试,现在已经睡着了吧?

第 三 部 分

31. 女:昨天考完试我去找你,你怎么不在?
    男:我去餐厅了,吃早饭的时候我把帽子忘在餐厅了。
    问:他去餐厅做什么了?

32. 男:安娜,你看咱们班是不是玛丽学习最好?
    女:我看不见得。
    问:安娜的意思是什么?

33. 男:小王,昨天的节目怎么样?
    女:没有人说不好。
    问:小王觉得昨天的节目好吗?

34. 男:下星期我要去西安,你能给我介绍一下西安的情况吗?
    女:你最好去找安娜,她在那儿学习过三年,现在在咱们学校教中国历史。
    问:安娜为什么能介绍西安的情况?

35. 女:师傅,我这照相机坏了,您这儿能修理吗?
    男:我得先看看什么地方坏了.请您等一下,几分钟就行。
    问:这儿能修她的照相机吗?

36. 男:小张,这篇报道里怎么没有你说的那件事呢?
女:你还没看完吧?接着看下去。
问:这个男的想做什么?

37. 男:我给那个贸易公司打了好几次电话,都没打通.明天再打吧。
女:不行,今天一定要跟他们联系上.如果再打不通电话,就去一次。
问:他们想做什么?

38. 男:天气预报说明天有雨,你们还去爬山吗?
女:我本来就不想去,小王非去不可,我们一起去看电影吧。
男:你说去哪儿我就去哪儿,我听你的。
问:明天男的去哪儿?小王去哪儿?

39. 女:你这个人怎么不懂礼貌,进来也不敲门,吓了我一跳。
男:对不起,小李,因为我有急事,忘了敲门了。
问:这个人为什么没敲门就进来了?

40. 女:前边有两条路去剧场,走哪条路近呢?东边那条还是西边那条?
男:差不多,你爱走哪条走哪条。
问:男的告诉她去剧场走哪条路近?

41. 男:布朗太太,我住的那个房间下雨的时候漏得厉害,昨天您说正下着雨不能修,今天是不是请人来修一下。
女:今天不下雨,房间还漏吗?
问:布朗太太什么时候请人给他修房子?

42. 女:小张,这个箱子太重咱们俩一起把它搬下楼去吧。
男:不用,我一个人就行了。
问:谁把箱子搬下楼去了?

43—45 题是根据下面一段对话:
男:大夫,我不舒服。
女:您头疼还是胃和肚子不舒服?
男:我哪儿都不舒服。
女:您以前有过这样的情况吗?
男:以前我每天从早忙到晚,就是开会开到晚上12点,第二天一早起来也一样工作。
女:哦,我知道了,您这不舒服不是什么病,而是对现在刚退休的生活不习惯,过一段时间就好了。

43. 他哪儿不舒服?
44. 他以前也常常觉得不舒服吗?
45. 为什么他现在觉得不舒服?

46—48 题是根据下面一段对话:
小李在中学学习,他们班有35个同学。小张小王等三四个人都是他的好朋友,可是最好的朋友叫小红。小红不但数学、历史跟小李一样好,而且英语也是全班第一。在这点上,小李不如小红。他们还有一年就要毕业了,为了能考上大学,除了星期天以外,小李每天下课以后去一个老师家辅导两个小时英语,现在他的英语已经有了很大的进步。

46. 谁是小李最好的朋友?
47. 小李什么课学得最好?
48. 小李每个星期去辅导几次英语?

49—50 题是根据下面的一段话:
我认识这么一位姑娘,她是公共汽车上的售票员,对人特别有礼貌。不管是谁,只要坐过她的车,没有不说她好的。

49. 这个姑娘是干什么的?
50. 大家都说她怎么样?

参 考 答 案

一、听力理解

1. C	2. B	3. B	4. A
5. D	6. C	7. A	8. C
9. B	10. A	11. D	12. C
13. A	14. A	15. C	16. A
17. C	18. A	19. D	20. D
21. B	22. B	23. A	24. B
25. A	26. D	27. A	28. B
29. B	30. C	31. C	32. C
33. B	34. A	35. D	36. A
37. C	38. B	39. B	40. C
41. A	42. A	43. D	44. B
45. B	46. C	47. A	48. C
49. B	50. D		

二、语法结构

51. B	52. A	53. D	54. D
55. C	56. C	57. B	58. A
59. B	60. D	61. A	62. B
63. D	64. A	65. B	66. D
67. C	68. C	69. B	70. A
71. C	72. A	73. C	74. B
75. D	76. A	77. A	78. C
79. B	80. D	81. B	82. A
83. A	84. C	85. C	86. D
87. B	88. B	89. A	90. D

三、阅读理解

91. C	92. A	93. D	94. B
95. B	96. D	97. A	98. A
99. C	100. B	101. B	102. A
103. D	104. A	105. A	106. C
107. C	108. D	109. B	110. B
111. C	112. B	113. C	114. C
115. D	116. A	117. A	118. D
119. D	120. C	121. A	122. A
123. B	124. C	125. A	126. C
127. D	128. D	129. A	130. B
131. C	132. C	133. D	134. D
135. A	136. C	137. B	138. B
139. A	140. D		

第五套模拟试题

一、听力理解

（50题，约35分钟）

第 一 部 分

说明：1—15题，每一道题，你会听到一句话，在试卷上你会看到 **ABCD** 四张画，请你选出跟这句话内容一致的那一张，并在答卷上画一横道。请注意，这部分试题，每句听两遍。

例如：第2题，你听到：

2．他正在写信

2．他正在写信

你在试卷上看到四张画

A  B  C  D

第2题唯一正确的答案是 **C**，你应在答卷上找到号码2，在字母 **C** 上画一横道。

〔A〕 〔B〕   〔D〕

1. A  B  C  D

2. A  B  C  D

3. A 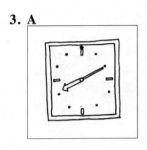 B 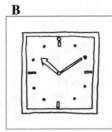 C 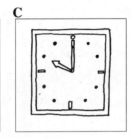 D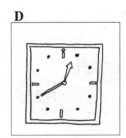

4. A  B  C  D

5. A  B  C  D

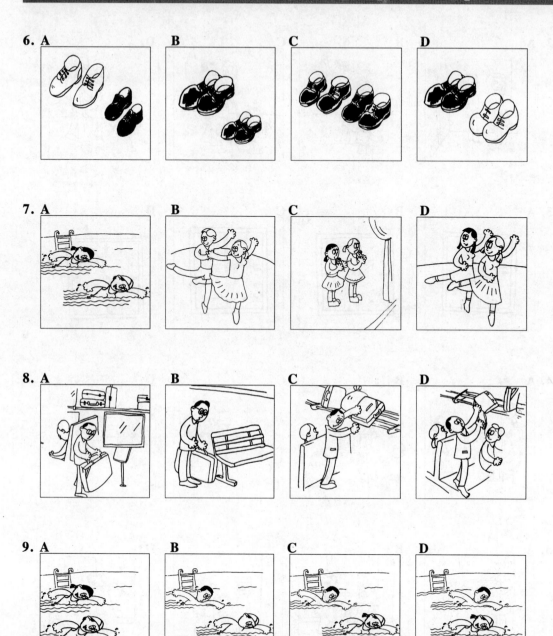

10. A 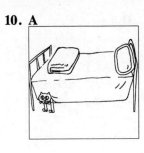 B 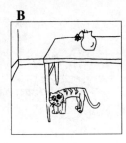 C  D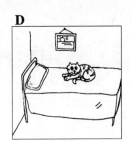

11. A  B  C  D

12. A  B  C  D

13. A 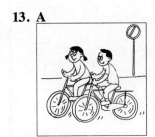 B  C  D

14. A 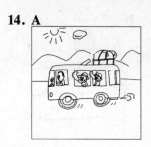 B  C  D

15. A  B  C  D

第 二 部 分

说明：16—30题，这部分试题，都是一个人问一句话，在试卷上你会看到 **ABCD** 四种回答，其中只有一种是正确的。请你找出它，并在答卷的字母上画一道横道。请注意，这部分试题，每个问句听两遍。

例如：第18题，你听到：

    18. 你从来没有听过这个故事吗？

    18. 你从来没有听过这个故事吗？

你在试卷上看到四个回答：

    A. 不讲这个故事

    B. 不听这个故事

    C. 从来没有听过

    D. 故事很好听

第18题正确的回答是 **C**，你应该在答卷上找到号码18，在字母 **C** 上画一横道。

18.〔**A**〕 〔**B**〕 〔**C**〕 〔**D**〕

16. A. 买一条裙子
    B. 我的那条裙子
    C. 还不错
    D. 昨天买的

17. A. 不用去
    B. 离这儿很远
    C. 去宿舍
    D. 去买东西

18. A. 他去北京比赛
    B. 他只有一个人
    C. 跟爷爷奶奶一起去
    D. 爷爷奶奶去

19. A. 在学校学习
    B. 十分钟以后去
    C. 学校在那儿
    D. 学校离这儿很近

20. A. 已经完了
    B. 还不到六点
    C. 一定是九点
    D. 还来得及

21. A. 我要买《汉法词典》
    B. 当然会查了
    C. 没有找到词典
    D. 我没有词典

22. A. 可能后天吧
    B. 那些资料很旧了
    C. 那些资料是中文的
    D. 后天去买纸

23. A. 他想去
    B. 明天去开会
    C. 我再考虑考虑
    D. 他们很相爱

24. A. 这是亲戚送的
    B. 这是画家画的
    C. 他有老录像机
    D. 这个录像机很好

25. A. 交通不太方便
    B. 坐公共汽车很方便
    C. 春天常常刮风
    D. 电视节目很多

26. A. 现在放假
    B. 不放假
    C. 去旅行
    D. 两个月

27. A. 下周二上课
    B. 我们班不想参加
    C. 他们打得很好
    D. 在操场比赛

28. A. 他没有看见老师
    B. 没请到
    C. 他请老师吃饭
    D. 他学习中文

29. A. 他没见到大夫
    B. 他怕吃药
    C. 他已经吃了药了
    D. 今天他要去参加足球比赛

30. A. 妈妈说找到了
    B. 他没找
    C. 他丢了一张票
    D. 他买了新表

第 三 部 分

说明:31—50题,这部分试题是两个人的对话或一段话,第三个人根据对话或那段话问一个或几个问题,每个问题都有 **ABCD** 四种答案,请选出唯一正确的答案。请注意,这部分试题只听一遍。

例如:第35题,你听到:

    35.女:小王现在在哪儿?

        男:我找过他,哪儿都没找到。

        问:根据对话可以知道什么?

你在试卷上看到四个答案:

    A.男的刚见过小王

    B.男的没找着小王

    C.小王哪儿都没去

    D.男的没去找小王

第35题唯一正确的答案是 **B**,你应该在答卷上找到号码35,在字母 **B** 上画一横道。

35.〔**A**〕   〔**C**〕 〔**D**〕

---

31. A. 朋友送给她的
    B. 她自己买的
    C. 同学给她的
    D. 她母亲送的

32. A. 妈妈和孩子
    B. 姐姐和弟弟
    C. 丈夫和妻子
    D. 爸爸和孩子

33. A. 红的
    B. 白的
    C. 黑的
    D. 蓝的

34. A. 不太努力
    B. 非常好
    C. 很努力

    D. 常得 100 分

35. A. 不合适
    B. 没弄脏
    C. 没弄坏
    D. 弄脏了,弄坏了

36. A. 她不会唱歌
    B. 人多的时候,她很紧张
    C. 她唱得不好
    D. 她的嗓子坏了,唱不出来

37. A. 情绪不好
    B. 没有问题
    C. 有麻烦
    D. 休息不好

38. A. 老师的话他没全记下来
    B. 上午他没来上课

C. 他没有本子
D. 安娜的字写得漂亮

39. A. 饭馆前边
    B. 路口
    C. 电影院前边
    D. 家门口

40. A. 他想离工厂远一点
    B. 他想离工厂近一点
    C. 家里人口太多
    D. 新房子漂亮

41. A. 她病了
    B. 很长时间不下雪她着急
    C. 她生男朋友的气了
    D. 她进屋去了

42. A. 他要去银行交钱
    B. 已经五点多了
    C. 下午工作不忙
    D. 已经下班了

43. A. 首都机场
    B. 人民商场
    C. 首都剧场
    D. 北京图书馆

44. A. 一位小姐
    B. 一位先生
    C. 一位老人

D. 一个骑车的年轻人

45. A. 在第二个路口
    B. 在一座大楼旁边
    C. 在商场旁边
    D. 在南边

46. A. 两口人
    B. 三口人
    C. 四口人
    D. 五口人

47. A. 大女儿还没结婚
    B. 家里钱不够花
    C. 她常吃不下饭
    D. 她常睡不着觉

48. A. 领导
    B. 翻译
    C. 老师
    D. 大夫

49. A. 家门口
    B. 饭馆门口
    C. 商店门口
    D. 学校门口

50. A. 鱼
    B. 鸡
    C. 什么都不想吃
    D. 吃什么都可以

二、语法结构

(40题,40分钟)

第 一 部 分

说明:51—70题,每个题里都有 **ABCD** 四个句子,请你找出唯一正确的句子。

例如:53. A. 电话修好了已经

B. 已经电话修好了

C. 电话已经修好了

D. 修好了电话已经

这个题正确的句子是 **C**,请在答卷上找到号码 53,在字母 **C** 上画一横道。

53. 〔A〕　　〔B〕　　■C■　　〔D〕

51. A. 我们是都法国学生
    B. 都我们是法国学生
    C. 我们是法国学生都
    D. 我们都是法国学生

52. A. 安娜比我小两岁
    B. 安娜小两岁比我
    C. 安娜比我两岁小
    D. 安娜两岁小比我

53. A. 我今天才知道这个消息
    B. 我今天知道这个消息才
    C. 才我今天知道这个消息
    D. 我今天知道才这个消息

54. A. 她马上去医院就看病
    B. 她马上去医院看病就
    C. 她马上就去医院看病
    D. 马上就她去医院看病

55. A. 我的自行车被借走了小王
    B. 我的自行车被小王借走了
    C. 小王被我的自行车借走了
    D. 我的自行车借走了被小王

56. A. 我收到一封信星期一下午
    B. 我收到一封信下午星期一
    C. 我星期一下午一封信收到
    D. 我星期一下午收到一封信

57. A. 她真是一个好姑娘
    B. 她是真一个好姑娘
    C. 她好姑娘一个真是
    D. 她是真一个好姑娘

58. A. 我看不清楚她的脸
    B. 我不看清楚她的脸
    C. 我看清楚不她的脸
    D. 她的脸我不清楚看

59. A. 我看见小王进去图书馆了
    B. 我看见小王进图书馆去了

C. 小王进去图书馆了我看见
D. 我看见图书馆小王进去了

60. A. 她睡不着觉高兴得
B. 她高兴得不睡着觉
C. 她不高兴得睡着觉
D. 她高兴得睡不着觉

61. A. 他们讨论这个问题不让我们
B. 他们不让我们这个问题讨论
C. 他们不让我们讨论这个问题
D. 他们不让我们这个问题讨论

62. A. 那本杂志我买是英文的
B. 我买那本杂志是英文的
C. 我买的那本杂志是英文的
D. 我买是英文的那本杂志

63. A. 这一位是朋友来自中国
B. 这是一位自来中国的朋友
C. 这一位是中国朋友来自的
D. 这一位是来自中国的朋友

64. A. 请你会下去继续
B. 请你继续念下去
C. 请你念继续下去
D. 请你下去念继续

65. A. 我走路只好回家
B. 我只好回家走路
C. 只好我走路回家
D. 我只好走路回家

66. A. 我起床了明天就去看电影
B. 明天我起了床就去看电影了
C. 明天我起了床就去看电影
D. 明天我起床了就去看了电影

67. A. 昨天他连作业也没做就去踢球了
B. 昨天他作业也连没做就去踢球了
C. 昨天连他也没做作业就去踢球了
D. 昨天连他作业也没做就去踢球了

68. A. 我非常生气使他的话
B. 我使他的话非常生气
C. 他的话非常生气使我
D. 他的话使我非常生气

69. A. 昨天的球赛我看精彩极了
B. 昨天我看的球赛精彩极了
C. 昨天我看的球赛极了精彩
D. 精彩极了我看球赛的昨天

70. A. 这个菜也不好吃一点儿
B. 一点儿也这个菜不好吃
C. 这个菜一点儿也不好吃
D. 一点儿这个菜也不好吃

第 二 部 分

说明：71—90题，每句话中都有一个空儿，每个空儿都有 **ABCD** 四个答案，请根据上下文的意思选择一个恰当的答案。

例如：

75. 我_____喜欢吃这个菜。

A. 都
B. 很
C. 又
D. 再

这一题的正确答案是 **B**，你应在答卷上找到号码 75，在字母 **B** 上画一横道。

75. 〔A〕 ■ 〔C〕 〔D〕

71. 这_____衬衫的样子很不错。
A. 条
B. 个
C. 张
D. 件

72. 明天晚上我_____你打电话。
A. 跟
B. 和
C. 在
D. 给

73. 今天她穿了一_____红衣服。
A. 头
B. 身
C. 次
D. 个

74. 我不认识你，但是我想你是张先生_____。
A. 吗
B. 吧
C. 呢
D. 啊

75. 你_____她的电话和地址？
A. 有没有
B. 去不去
C. 打不打
D. 来不来

76. 这么重的箱子他一个人_____拿起来了。
A. 还
B. 不
C. 就
D. 才

77. 秋天_____，天气开始变冷了。
A. 呢
B. 来
C. 了
D. 走

78. 快走吧，_____就来不及了。
A. 所以
B. 于是
C. 当然
D. 否则

79. 到前面十字路口就_____东拐。
A. 去
B. 给
C. 在
D. 往

80. 你看，她从那边跑_____来了。
A. 过
B. 到
C. 往
D. 不

81. 这是他专门_____我准备的。
A. 为了
B. 为
C. 对
D. 向

82. 说了半天，你_____决定了没有？
A. 终于
B. 到底
C. 万一
D. 按时

83. _____那件事不好办，_____算了。
A. 虽然……但是……
B. 连……也……
C. 不但……而且……
D. 要是……就……

84. 他想骑_____自行车去旅行。
A. 着
B. 过

C. 好
D. 进

85. _____生活_____我没遇到什么困难。
A. 在……之上……
B. 在……之下……
C. 在……方面……
D. 在……中间……

86. 你既然_____知道，我就告诉你吧。
A. 会
B. 愿意
C. 能
D. 怕

87. 昨天我看了一篇_____北京交通情况的报道。
A. 关于
B. 对于
C. 为了
D. 等于

88. 我_____，这个收音机的声音不太好。
A. 听一听
B. 听着听
C. 听了听
D. 听不听

89. 从这儿到那儿的距离很远，可他走_____。
A. 得完
B. 不完
C. 得动
D. 不动

90. 明天下课以后我_____去商场逛一逛。
A. 随便
B. 一般
C. 一直
D. 顺便

三、阅 读 理 解

（50题，60分钟）

第 一 部 分

说明：91—110题，每段都有几个空儿，请你根据上下文的意思，在**ABCD**四个答案中选择一个恰当的答案，在答卷的字母上画一横道。

91—93

儿子中学毕业，考____91____了司机学校，第二天早上就要去学习开汽车了，这可把他的父母愁____92____了，学什么不好，为什么非要学开汽车呢，多危险啊！要是出了事怎么办？无论两位老人____93____劝，儿子只说："你们别管我的事！"

91. A. 来　　B. 下　　C. 上　　D. 去
92. A. 死　　B. 活　　C. 好　　D. 完
93. A. 多么　B. 什么　C. 慢慢　D. 怎么

94—98

____94____情况表明：青年人的业余时间，____95____用在看戏、看电影、看电视上的占第一位；听音乐、广播的占第二位；看小说、杂志的占第三位；上业余大学学习文化的占第四位；做家务的占第五位；____96____公园、商场的占第六位。对自己的业余生活不满意或不太满意的人要比满意或很满意的人多一些。他们____97____现在可以去的地方太少，希望社会有更好的____98____，使他们的业余生活更有意思。

94. A. 资料　B. 指示　C. 调查　D. 赞成
95. A. 重要　B. 主要　C. 只要　D. 要求
96. A. 看　　B. 逛　　C. 走　　D. 研究
97. A. 认为　B. 以为　C. 争论　D. 希望
98. A. 情况　B. 榜样　C. 规模　D. 条件

99—104

上星期四我们几个外国朋友到北京的一个中学去参观。走进____99____以后，看见很多同学在____100____上玩，有的在打

99. A. 家门　B. 门口　C. 校门　D. 国门
100. A. 操场　B. 教室　C. 屋子　D. 房间

3·3·3·3·3

球,有的在聊天,看见我们以后,校长、老师、同学都马上跑过来欢迎我们。校长给我们____101____地介绍学校的情况。这个学校不太大,有一千多名学生。学生____102____今年比去年增加了百分之十。学生们学习都很努力,____103____都很好。听完介绍我们继续参观,还去几个班听了课,____104____也听了一个班的英语课,学生们的英语说得不错,我们都很高兴。

101. A. 简单 B. 很短 C. 很长 D. 很好
102. A. 人口 B. 数字 C. 人物 D. 人数
103. A. 成果 B. 结果 C. 成就 D. 成绩
104. A. 其他 B. 其中 C. 其次 D. 别的

105—110

　　一天,一个抱小孩的女同志走上车来,坐在我旁边的一个男青年站起来对她说:"您坐吧,我站____105____可以。"女同志看了看他,没有坐,这时旁边又有几个人站起来要把座位____106____给这位男青年,我觉得很奇怪,这时我觉得那位男青年踩了我的脚了,我生气地说:"你踩我的脚了。"他马上____107____地说:"对不起,对不起。"可是旁边的人都生气地看着我,说我不对,我更生气了。我想他踩了我的脚,____108____是我不对呢?汽车停了,男青年要下车了,我看见后边走过来很多人要____109____他下车。这时我才看清楚男青年只有一条腿,我觉得很不好意思,想跟这位男青年说一句"对不起",但是汽车已经开了,我____110____极了。

105. A. 了　　B. 着　　C. 在　　D. 过
106. A. 让　　B. 拿　　C. 带　　D. 交
107. A. 紧张　B. 原谅　C. 害怕　D. 抱歉
108. A. 什么　B. 多么　C. 怎么样 D. 怎么
109. A. 抓　　B. 救　　C. 扶　　D. 捡
110. A. 难过　B. 激动　C. 后悔　D. 伤心

3·3·3·3·3

第 二 部 分

说明：111—140题，每段文字后都有一个或几个问题，每个问题都有 **ABCD** 四个答案，请根据它的内容选择一个恰当的答案，在答卷的字母上画一横道。

例如：

75. 我_____喜欢吃这个菜。

　　A. 都
　　B. 很
　　C. 又
　　D. 再

这一题的正确答案是 **B**，你应在答卷上找到号码75，在字母 **B** 上画一横道。

75. 〔A〕　　〔C〕　〔D〕

111.
　　这位法国朋友对中国和中国文化很感兴趣，他觉得只有学好中文，才能更好地了解中国，所以他常常喜欢跟中国朋友聊天。

111. 这个法国朋友为什么常跟中国朋友聊天？

　　A. 为了更多地了解中国的文化和历史
　　B. 他的中文学得很好
　　C. 他喜欢跟朋友聊天
　　D. 他很了解中国

112—113
　　下个月一个朋友准备陪我去参观上海附近的一个小城市。他说那个小城市的工业、农业、商业等最近几年发展得很快，人民的生活有很大的提高，那里的环境也很优美。最让我高兴的是，在那儿我能买到一些别的地方买不到的工艺品。

112. 这段话主要是介绍：

　　A. 那个小城市的历史
　　B. 那个小城市发展很快
　　C. 那个小城在上海附近
　　D. 那个小城大概的情况

113. 我特别想去那儿参观的原因是：

　　A. 有朋友陪我去
　　B. 想买一些当地的工艺品
　　C. 那儿的环境很优美
　　D. 那儿各方面的情况都不错

114—115
　　听说妻子想吃辣的，不想吃酸的，这可把丈夫急坏了。因为在人们中间流传着一种说法：酸儿辣女。意思是说女人怀孕以后，如果特别想吃酸的，那将来一定生个男孩子；如果特别想吃辣的，那将来一定生个女孩子。

114. 丈夫为什么急坏了？

　　A. 妻子身体不舒服
　　B. 妻子不想吃酸的
　　C. 妻子可能生一个儿子
　　D. 妻子可能生一个女儿

115. 丈夫什么时候开始着急的？

A. 妻子怀孕以后
B. 妻子怀孕以后想吃辣的东西时
C. 妻子生了男孩子以后
D. 妻子生了女孩子以后

116—118

小王家的后边有一块空地,他爷爷60岁退休的那年把这块地收拾了一下,种了很多花和蔬菜。这十年他们吃的都是自己种的菜。爷爷说,能省钱当然好,可是经常活动活动对身体有好处。爷爷的一个朋友只有65岁走路还不如爷爷快呢。

116. 爷爷种花种菜是因为:
　　A. 想省钱
　　B. 退休在家有时间
　　C. 希望健康长寿
　　D. 房后边有空地

117. 爷爷今年多大年纪了?
　　A. 65岁
　　B. 70岁
　　C. 75岁
　　D. 80岁

118. 爷爷走路为什么比较快?
　　A. 坚持劳动
　　B. 常吃蔬菜
　　C. 常去看朋友
　　D. 退休后常在家休息

119—122

从前,有一个人非常富,可是又不愿意花钱。比如,他想喝酒,又想省钱。有一天,他把儿子叫来让他去买酒,却又不给他钱。儿子奇怪地说:"爸爸,没有钱别人是不会把酒卖给你的。"他爸爸笑着说:"用钱去买酒太容易了,谁都能办到。如果不用钱就能把酒买回来,那才证明你有本事呢。"

儿子听了爸爸的话,没说什么就出去买酒了。一会儿儿子提着一个空瓶子回来了。他爸爸睁大了眼睛,生气地骂他说:"你这笨东西,酒呢?你让我喝什么?"儿子笑着说:"爸爸,别生气!从有酒的瓶子里喝到酒这太容易了,谁都能做到,如果能从空瓶子里喝到酒,那才是有本事的人呢。"他爸爸听了,一句话也说不出来。

119. 这个人不愿意花钱是因为:
　　A. 没有钱
　　B. 想省钱
　　C. 让儿子花钱
　　D. 证明自己有本事

120. 他让儿子去买酒可是不给钱,是因为:
　　A. 想证明儿子有本事
　　B. 想了解别人卖不卖酒给他
　　C. 想证明没有钱也能买到酒
　　D. 想不花钱而能喝到酒

121. "你这个笨东西"的意思是:
　　A. 你有一个很笨的东西
　　B. 这个东西很笨
　　C. 你是一个很笨的人
　　D. 你是不是一个很笨的人

122. 他爸爸为什么一句话也说不出来?
　　A. 儿子没把酒买回来
　　B. 他不可能从空瓶子里喝到酒
　　C. 他很生气
　　D. 他儿子骂了他

123—126

有一天早上下着特别大的雾,出门看不见路也看不见人。汽车没办法开了,人们只好走路去上班,但是走着走着就会发现自己走错了路,越走离要去的地方越远。有一位教授必须按时赶到学校上课。尽管他自己觉得是向着学校的方向在走,可是平时只需走十几分钟的路,现在走了四十多分钟还没到,他知道自己走错了方向,急得出了一身汗。这时他忽然撞在一个人身上。他向这个人道了歉并问他去大学怎么走。那个人说:"我带你去。"他拉着教授的手走过一条街,一会儿就到了大学。教授奇怪地问他:"这么大的雾,你怎么看得见路呢?"这个人说:"有雾没雾对我都一样。"教授忽然明白了,他是个盲人。

123. 这位教授今天走错了路是因为:

A. 没坐公共汽车

B. 要赶到学校去上课

C. 急得出了一身汗

D. 雾特别大

124. 平时从教授家走到学校:

A. 要不了十分钟

B. 不到二十分钟

C. 需要半个多小时

D. 大概四十分钟

125. "盲人"的意思是:

A. 两只手不能拿东西的人

B. 两只眼睛看不见东西的人

C. 两只耳朵听不见声音的人

D. 对天气没有感觉的人

126. 从文章中可以知道这个盲人:

A. 对道路很熟悉

B. 住在学校附近

C. 喜欢下雾的天气

D. 常常撞在别人身上

127—130

一天王英忽然在报上看见一条消息:"小说《希望》出版了,作者李明。"啊!李明,他不是我三年前的男朋友吗?当时因为他太穷就跟他吹了。王英真后悔。不过,前几个月听说李明还没有结婚呢,再跟他好起来一定还有希望!她想立刻给他写封信,又怕在信里说不清楚,她马上打扮了一下,又去商店买了点礼物就去李明家了。王英一边流着眼泪一边说:"我真后悔三年前跟你吹了,那时我不太懂事。"她表示还愿意跟他谈恋爱。李明被她感动了,可不明白她的态度为什么有这么大的变化。王英笑着说:"你的小说快要出版了,我真为你高兴。""什么小说?我从来没写过小说。"王英急忙打开书包拿出报纸,啊!原来作者是李朋。

127. 三年前王英为什么跟男朋友吹了?

A. 他不是作家

B. 当时他很穷

C. 他后悔了

D. 她不爱他了

128. 王英为什么去找李明?

A. 以为他的小说要出版了

B. 想继续跟他好

C. 以为他有钱了

D. 买些礼物送给他

129. 为什么王英以为李明写了小说?

A. 她看错了作者的名字

B. 他有这个爱好

C. 他打电话告诉她的

D. 她在报上看到了他的名字

130. 从这篇文章知道王英想找一个什么样的对象?

A. 有钱的人

B. 会写小说的人

C. 爱自己的人

D. 能被自己感动的人

131—135

我每天下班以后都顺便在单位对面的小店里买《北京晚报》。星期五那天因为下午出去办事,回家时走了另外一条路。在离家不远的胡同口一个小伙子在卖晚报,"给我一张。"我边说边从钱包里拿出一张五十元钱。他问:"没有零钱吗?""确实没有。"他似乎很失望。我说:"我明天把钱给你带来,行吗?""行!报你先拿去看。"第二天厂里忽然让我去上海开三天会。这三天我心里总是不安。回到北京,一下班我马上骑车赶到小伙子面前,接过一张晚报,给他八毛钱。他说:"您不是买一张吗?四毛就够了。"我不好意思地讲了那天在这儿买报的经过。他这才想起来,说:"谢谢你了。""不,该谢的是你,谢谢你相信我。"

131. 这篇文章主要是写:
   A. "我"工作很认真
   B. "我"每天买晚报
   C. 小伙子卖报很辛苦
   D. 人们应该互相信任

132. "我"为什么星期五没去原来的小店买报?
   A. 下班太晚了
   B. 小店关门了
   C. 回家时没经过那个小店
   D. 小店的晚报卖完了

133. 小伙子为什么同意"我"先把报拿走?
   A. 他是"我"的好朋友
   B. 他们是邻居
   C. 他相信"我"第二天会给他钱
   D. 他常常卖报不要钱

134. "我"在上海时心里为什么总不安?
   A. 开会很紧张
   B. 觉得自己骗了小伙子
   C. 想着单位的工作
   D. 三天没看《北京晚报》

135. "我"认为人和人之间什么最重要?
   A. 友谊
   B. 钱
   C. 关心
   D. 信任

136—140

小王有个特别的爱好,就是哪儿有热闹,哪儿就有他。比如,谁家结婚,谁家死了人,女人骂孩子,路边卖假药等等,他都爱看,而且一看就是好长时间。他父亲常生气地说:"你二十好几的人了,还不懂时间的重要,有空儿多看点书不好吗?"可是小王心想,我不看书,知道的事也不少,人人都说我聪明呢。一天下班回家他看见前边十字路口挤满了人,他想一定是汽车撞死人了,就马上跑过去看。可是那儿挤得像人墙,他怎么也挤不进去。忽然,他想出了一个办法,就大声哭喊起来:"汽车撞死的是我弟弟。"人们都大笑起来,并给他让出了一条路,他挤进一看,原来是一条狗被撞死了。

136. 他父亲说"你二十好几的人了"是什么意思?
   A. 你才二十几岁,还年轻
   B. 你二十几岁了?
   C. 你已经二十多岁了,不是孩子了
   D. 你是二十几岁的人?

137. 父亲说"你多看点书不好吗"的意思是:
   A. 多看点书不好
   B. 应该多看点书
   C. 书看多了好吗?
   D. 你想多看书吗?

138. 文章中的"人墙"的意思是:
   A. 人站在墙上边
   B. 人很多,像墙一样厚
   C. 人字形的墙
   D. 墙上站着很多人

139. 小王为什么大声哭喊起来？
  A．汽车撞死了他弟弟
  B．他弟弟是司机，撞死了人
  C．想让大家注意他
  D．希望大家给他让路

140. 从文章中看出小王是一个什么样的人？
  A．爱看热闹的人
  B．爱开玩笑的人
  C．聪明的人
  D．热情的人

答题纸

	1		1		1			1	
1	6	11	16	21	26	31	36	41	46
〔A〕	〔A〕	〔A〕	〔A〕	〔A〕	〔A〕	〔A〕	〔A〕	〔A〕	〔A〕
〔B〕	〔B〕	〔B〕	〔B〕	〔B〕	〔B〕	〔B〕	〔B〕	〔B〕	〔B〕
〔C〕	〔C〕	〔C〕	〔C〕	〔C〕	〔C〕	〔C〕	〔C〕	〔C〕	〔C〕
〔D〕	〔D〕	〔D〕	〔D〕	〔D〕	〔D〕	〔D〕	〔D〕	〔D〕	〔D〕
2	7	12	17	22	27	32	37	42	47
〔A〕	〔A〕	〔A〕	〔A〕	〔A〕	〔A〕	〔A〕	〔A〕	〔A〕	〔A〕
〔B〕	〔B〕	〔B〕	〔B〕	〔B〕	〔B〕	〔B〕	〔B〕	〔B〕	〔B〕
〔C〕	〔C〕	〔C〕	〔C〕	〔C〕	〔C〕	〔C〕	〔C〕	〔C〕	〔C〕
〔D〕	〔D〕	〔D〕	〔D〕	〔D〕	〔D〕	〔D〕	〔D〕	〔D〕	〔D〕
3	8	13	18	23	28	33	38	43	48
〔A〕	〔A〕	〔A〕	〔A〕	〔A〕	〔A〕	〔A〕	〔A〕	〔A〕	〔A〕
〔B〕	〔B〕	〔B〕	〔B〕	〔B〕	〔B〕	〔B〕	〔B〕	〔B〕	〔B〕
〔C〕	〔C〕	〔C〕	〔C〕	〔C〕	〔C〕	〔C〕	〔C〕	〔C〕	〔C〕
〔D〕	〔D〕	〔D〕	〔D〕	〔D〕	〔D〕	〔D〕	〔D〕	〔D〕	〔D〕
4	9	14	19	24	29	34	39	44	49
〔A〕	〔A〕	〔A〕	〔A〕	〔A〕	〔A〕	〔A〕	〔A〕	〔A〕	〔A〕
〔B〕	〔B〕	〔B〕	〔B〕	〔B〕	〔B〕	〔B〕	〔B〕	〔B〕	〔B〕
〔C〕	〔C〕	〔C〕	〔C〕	〔C〕	〔C〕	〔C〕	〔C〕	〔C〕	〔C〕
〔D〕	〔D〕	〔D〕	〔D〕	〔D〕	〔D〕	〔D〕	〔D〕	〔D〕	〔D〕
5	10	15	20	25	30	35	40	45	50
〔A〕	〔A〕	〔A〕	〔A〕	〔A〕	〔A〕	〔A〕	〔A〕	〔A〕	〔A〕
〔B〕	〔B〕	〔B〕	〔B〕	〔B〕	〔B〕	〔B〕	〔B〕	〔B〕	〔B〕
〔C〕	〔C〕	〔C〕	〔C〕	〔C〕	〔C〕	〔C〕	〔C〕	〔C〕	〔C〕
〔D〕	〔D〕	〔D〕	〔D〕	〔D〕	〔D〕	〔D〕	〔D〕	〔D〕	〔D〕

	2		2		2			2	
51	55	59	63	67	71	75	79	83	87
〔A〕	〔A〕	〔A〕	〔A〕	〔A〕	〔A〕	〔A〕	〔A〕	〔A〕	〔A〕
〔B〕	〔B〕	〔B〕	〔B〕	〔B〕	〔B〕	〔B〕	〔B〕	〔B〕	〔B〕
〔C〕	〔C〕	〔C〕	〔C〕	〔C〕	〔C〕	〔C〕	〔C〕	〔C〕	〔C〕
〔D〕	〔D〕	〔D〕	〔D〕	〔D〕	〔D〕	〔D〕	〔D〕	〔D〕	〔D〕
52	56	60	64	68	72	76	80	84	88
〔A〕	〔A〕	〔A〕	〔A〕	〔A〕	〔A〕	〔A〕	〔A〕	〔A〕	〔A〕
〔B〕	〔B〕	〔B〕	〔B〕	〔B〕	〔B〕	〔B〕	〔B〕	〔B〕	〔B〕
〔C〕	〔C〕	〔C〕	〔C〕	〔C〕	〔C〕	〔C〕	〔C〕	〔C〕	〔C〕
〔D〕	〔D〕	〔D〕	〔D〕	〔D〕	〔D〕	〔D〕	〔D〕	〔D〕	〔D〕
53	57	61	65	69	73	77	81	85	80
〔A〕	〔A〕	〔A〕	〔A〕	〔A〕	〔A〕	〔A〕	〔A〕	〔A〕	〔A〕
〔B〕	〔B〕	〔B〕	〔B〕	〔B〕	〔B〕	〔B〕	〔B〕	〔B〕	〔B〕
〔C〕	〔C〕	〔C〕	〔C〕	〔C〕	〔C〕	〔C〕	〔C〕	〔C〕	〔C〕
〔D〕	〔D〕	〔D〕	〔D〕	〔D〕	〔D〕	〔D〕	〔D〕	〔D〕	〔D〕
54	57	62	66	70	74	78	82	86	90
〔A〕	〔A〕	〔A〕	〔A〕	〔A〕	〔A〕	〔A〕	〔A〕	〔A〕	〔A〕
〔B〕	〔B〕	〔B〕	〔B〕	〔B〕	〔B〕	〔B〕	〔B〕	〔B〕	〔B〕
〔C〕	〔C〕	〔C〕	〔C〕	〔C〕	〔C〕	〔C〕	〔C〕	〔C〕	〔C〕
〔D〕	〔D〕	〔D〕	〔D〕	〔D〕	〔D〕	〔D〕	〔D〕	〔D〕	〔D〕

	1		1		1			1	
91	96	101	106	111	116	121	126	131	136
〔A〕	〔A〕	〔A〕	〔A〕	〔A〕	〔A〕	〔A〕	〔A〕	〔A〕	〔A〕
〔B〕	〔B〕	〔B〕	〔B〕	〔B〕	〔B〕	〔B〕	〔B〕	〔B〕	〔B〕
〔C〕	〔C〕	〔C〕	〔C〕	〔C〕	〔C〕	〔C〕	〔C〕	〔C〕	〔C〕
〔D〕	〔D〕	〔D〕	〔D〕	〔D〕	〔D〕	〔D〕	〔D〕	〔D〕	〔D〕
92	97	102	107	112	117	122	127	132	137
〔A〕	〔A〕	〔A〕	〔A〕	〔A〕	〔A〕	〔A〕	〔A〕	〔A〕	〔A〕
〔B〕	〔B〕	〔B〕	〔B〕	〔B〕	〔B〕	〔B〕	〔B〕	〔B〕	〔B〕
〔C〕	〔C〕	〔C〕	〔C〕	〔C〕	〔C〕	〔C〕	〔C〕	〔C〕	〔C〕
〔D〕	〔D〕	〔D〕	〔D〕	〔D〕	〔D〕	〔D〕	〔D〕	〔D〕	〔D〕
93	98	103	108	113	118	123	128	133	138
〔A〕	〔A〕	〔A〕	〔A〕	〔A〕	〔A〕	〔A〕	〔A〕	〔A〕	〔A〕
〔B〕	〔B〕	〔B〕	〔B〕	〔B〕	〔B〕	〔B〕	〔B〕	〔B〕	〔B〕
〔C〕	〔C〕	〔C〕	〔C〕	〔C〕	〔C〕	〔C〕	〔C〕	〔C〕	〔C〕
〔D〕	〔D〕	〔D〕	〔D〕	〔D〕	〔D〕	〔D〕	〔D〕	〔D〕	〔D〕
94	99	104	109	114	119	124	129	134	139
〔A〕	〔A〕	〔A〕	〔A〕	〔A〕	〔A〕	〔A〕	〔A〕	〔A〕	〔A〕
〔B〕	〔B〕	〔B〕	〔B〕	〔B〕	〔B〕	〔B〕	〔B〕	〔B〕	〔B〕
〔C〕	〔C〕	〔C〕	〔C〕	〔C〕	〔C〕	〔C〕	〔C〕	〔C〕	〔C〕
〔D〕	〔D〕	〔D〕	〔D〕	〔D〕	〔D〕	〔D〕	〔D〕	〔D〕	〔D〕
95	100	105	110	115	120	125	130	135	140
〔A〕	〔A〕	〔A〕	〔A〕	〔A〕	〔A〕	〔A〕	〔A〕	〔A〕	〔A〕
〔B〕	〔B〕	〔B〕	〔B〕	〔B〕	〔B〕	〔B〕	〔B〕	〔B〕	〔B〕
〔C〕	〔C〕	〔C〕	〔C〕	〔C〕	〔C〕	〔C〕	〔C〕	〔C〕	〔C〕
〔D〕	〔D〕	〔D〕	〔D〕	〔D〕	〔D〕	〔D〕	〔D〕	〔D〕	〔D〕

听力理解录音材料

(50题,约35分钟)

第 一 部 分

1. 他们正在操场踢足球呢。

2. 妈妈没有爸爸高。

3. 现在的时间是八点十分。

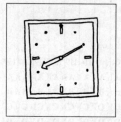 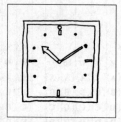 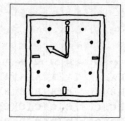 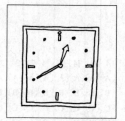

4. 他们在聊天,有的站着,有的坐着。

5. 给姑娘穿大衣的是一位戴眼镜的男人。

6. 这双鞋跟那双鞋颜色一样,可是大小不一样。

7. 那儿有两个小女孩正在跳舞。

8. 我进去的时候看见他正要把箱子放上去。

9. 小张的妹妹游泳游得比我快得多。

10. 一只小猫藏在床下边。

11. 上星期她跟姐姐在公园里照了一张相。

12. 我们坐船经过一座桥的时候,桥上有三个人。

13. 戴着帽子骑自行车的那位姑娘是小张的女朋友。

14. 我们是坐出租车去那儿的。

15. 在小王的生日晚会上大家唱歌跳舞,玩得很高兴。

第 二 部 分

16. 你看那条裙子好看吗?
17. 你病了吗?要不要去看大夫?
18. 他想一个人去北京还是跟爷爷奶奶一起去?
19. 你现在回不回学校?
20. 已经九点了,现在去晚不晚?
21. 你会查《汉法词典》吗?
22. 我们什么时候去借那些资料?
23. 小刘明天结婚,你到底去不去?
24. 你怎么有这种老的录像机啊?是从哪儿弄来的?
25. 那儿的天气情况怎么样?
26. 从现在到放假还有多长时间?
27. 下周二有排球比赛,你们班报名了没有?
28. 那个学生请到法语辅导老师没有?
29. 今天他好像有点不舒服吧?
30. 他的表丢了,不知道找到了没有?

第 三 部 分

31. 男:小张要结婚了,你送他什么礼物呢?
    女:朋友送我的旅行包不错,我又买了一个。
    问:女的要送给小张的旅行包是哪儿来的?

32. 女:你别抽烟了,为了自己,也为了我和孩子。
    男:好吧,从今天开始,不抽了。
    问:这是谁跟谁在谈话?

33. 女:你说,买那双白色的皮鞋好还是那双黑色的好?我听你的。
    男:我看都不如那双红色的。
    问:最后她买了什么颜色的皮鞋?

34. 男:这次考试我得了100分。
    女:太好了,我说对了吧?只要努力,一定能学好。
    问:你想,这个孩子以前学习怎么样?

35. 男:刚买的这件衣服要是穿着不合适,可以来换吗?
女:可以,只要没弄脏,没弄坏。
问:刚买的衣服在什么情况下不能换?

36. 男:明天你表演一个节目吧,你唱得很不错。
女:不行,不行,人一多我就唱不出来了。
问:女的为什么不愿意参加表演?

37. 男:大夫,他的病怎么样?要紧不要紧?
女:现在问题不大,不过,如果他的情绪总是像现在这样,可能会有麻烦。
问:病人现在的问题是什么?

38. 男:安娜,上午老师讲的语法你都记下来了吗?
女:都记下来了。
男:请把你的本子借给我看看,有的地方我没记下来。
问:他为什么要借安娜的本子?

39. 女:你快吃,电影马上就要开演了,我先去买点水果,一会儿在饭馆前边的路口等你。
男:好,我马上就来。
问:他们一会儿在哪儿见面?

40. 女:老李,听说你又搬家了,你住的地方不是离工厂更远了吗?
男:是远了点,可是没有办法,家里人口多,原来的房子不够住了。
问:老李为什么要搬家?

41. 男:小王,下雪了,快进屋吧,你咳嗽还没好呢。
女:没关系,很长时间没下雪了,坐在这儿看看下雪心里很舒服。
问:小王怎么了?

42. 女:老李,你今天回来得真早啊!
男:公司让我去银行交钱,交完钱已经快五点了,下午事不多,就没回公司。
问:老李早回家是因为:

43—45题是根据下面一段对话:
女:先生,请问去首都剧场怎么走?
男:对不起,我也刚来北京。你去问问那位老大爷。
女:老大爷,您知道去首都剧场怎么走吗?
老大爷:什么?首都机场?远着呢!你得叫一辆出租汽车。
女:您听错了,是首都剧场。
老大爷:哦!是看京剧的地方啊!从这儿一直往东,到了第二个路口往南拐,在一个大楼旁边,骑车十分钟就到了。
女:谢谢您了。

43. 问:这位妇女要去哪儿?
44. 谁告诉她怎么走的?
45. 他说那个地方在哪儿?

46—48题是根据下面一段短文:
王阿姨这两年的生活可不像以前了。丈夫虽然不是什么大领导,可每个月都能拿回来两千块钱。大女儿三年前就当了老师。今年夏天小女儿也大学毕业了,现在在一个公司当翻译。现在家里钱是花不完了,可是一想到大女儿,她就着急,吃不下饭,睡不着觉。大女儿已经快30岁了,还没结婚,给她介绍的对象还真不少,少说也有10个,这10个小伙子,女儿一个也看不上,不是说文化水平低,就是说没有共同语言,真不知道女儿的共同语言是什么?

46. 王阿姨家有几个人?

47. 王阿姨为什么着急？
48. 小女儿现在做什么工作？

49—50题是根据下面的一段话：
　　老王向他的朋友说："你饿不饿？咱们进去吃点儿什么？这儿的鸡和鱼做得特别好。"他朋友说："我随便，你看着要吧。"

49. 他们现在在哪儿？
50. 老王的朋友想吃什么？

参 考 答 案

一、听力理解

1. B	2. D	3. A	4. A
5. C	6. B	7. D	8. C
9. C	10. A	11. A	12. D
13. B	14. B	15. B	16. C
17. A	18. C	19. B	20. D
21. B	22. A	23. C	24. A
25. C	26. D	27. B	28. B
29. C	30. A		
31. B	32. C	33. A	34. A
35. D	36. B	37. A	38. A
39. B	40. C	41. A	42. C
43. C	44. C	45. B	46. C
47. A	48. B	49. B	50. D

二、语法结构

51. D	52. A	53. A	54. C
55. B	56. D	57. A	58. A
59. B	60. D	61. C	62. C
63. D	64. B	65. D	66. C
67. A	68. D	69. B	70. C
71. D	72. D	73. B	74. B
75. A	76. C	77. C	78. D
79. D	80. A	81. B	82. B
83. D	84. A	85. C	86. B
87. A	88. C	89. C	90. D

三、阅读理解

91. C	92. A	93. D	94. C
95. B	96. B	97. A	98. D
99. C	100. A	101. A	102. D
103. D	104. B	105. B	106. A
107. D	108. D	109. C	110. C
111. A	112. D	113. B	114. D
115. B	116. C	117. B	118. A
119. B	120. D	121. C	122. B
123. D	124. B	125. B	126. A
127. B	128. C	129. A	130. A
131. D	132. C	133. C	134. B
135. D	136. C	137. B	138. B
139. D	140. A		

考生须知

中国汉语水平考试[HSK]答卷

[基础]

姓名	中文	
	英文	
试卷号码		

序号		
		[0] [1] [2] [3] [4] [5] [6] [7] [8] [9]
		[0] [1] [2] [3] [4] [5] [6] [7] [8] [9]
		[0] [1] [2] [3] [4] [5] [6] [7] [8] [9]
		[0] [1] [2] [3] [4] [5] [6] [7] [8] [9]
		[0] [1] [2] [3] [4] [5] [6] [7] [8] [9]

国籍/民族		
代号		[0] [1] [2] [3] [4] [5] [6] [7] [8] [9]
		[0] [1] [2] [3] [4] [5] [6] [7] [8] [9]
		[0] [1] [2] [3] [4] [5] [6] [7] [8] [9]

[A] ■

性别
▭ 男
▭ 女

考点代号		

答题要求
1. 一定要用铅笔填写
2. 一定要这样填写
   [A] ■ [C] [D]
3. 修改时要用橡皮擦干净

1 1 1 1

1 [A] [B] [C] [D]	6 [A] [B] [C] [D]	11 [A] [B] [C] [D]	16 [A] [B] [C] [D]	21 [A] [B] [C] [D]	26 [A] [B] [C] [D]	31 [A] [B] [C] [D]	36 [A] [B] [C] [D]	41 [A] [B] [C] [D]	46 [A] [B] [C] [D]
2 [A] [B] [C] [D]	7 [A] [B] [C] [D]	12 [A] [B] [C] [D]	17 [A] [B] [C] [D]	22 [A] [B] [C] [D]	27 [A] [B] [C] [D]	32 [A] [B] [C] [D]	37 [A] [B] [C] [D]	42 [A] [B] [C] [D]	47 [A] [B] [C] [D]
3 [A] [B] [C] [D]	8 [A] [B] [C] [D]	13 [A] [B] [C] [D]	18 [A] [B] [C] [D]	23 [A] [B] [C] [D]	28 [A] [B] [C] [D]	33 [A] [B] [C] [D]	38 [A] [B] [C] [D]	43 [A] [B] [C] [D]	48 [A] [B] [C] [D]
4 [A] [B] [C] [D]	9 [A] [B] [C] [D]	14 [A] [B] [C] [D]	19 [A] [B] [C] [D]	24 [A] [B] [C] [D]	29 [A] [B] [C] [D]	34 [A] [B] [C] [D]	39 [A] [B] [C] [D]	44 [A] [B] [C] [D]	49 [A] [B] [C] [D]
5 [A] [B] [C] [D]	10 [A] [B] [C] [D]	15 [A] [B] [C] [D]	20 [A] [B] [C] [D]	25 [A] [B] [C] [D]	30 [A] [B] [C] [D]	35 [A] [B] [C] [D]	40 [A] [B] [C] [D]	45 [A] [B] [C] [D]	50 [A] [B] [C] [D]

2 2 2 2

51 [A] [B] [C] [D]	55 [A] [B] [C] [D]	59 [A] [B] [C] [D]	63 [A] [B] [C] [D]	67 [A] [B] [C] [D]	71 [A] [B] [C] [D]	75 [A] [B] [C] [D]	79 [A] [B] [C] [D]	83 [A] [B] [C] [D]	87 [A] [B] [C] [D]
52 [A] [B] [C] [D]	56 [A] [B] [C] [D]	60 [A] [B] [C] [D]	64 [A] [B] [C] [D]	68 [A] [B] [C] [D]	72 [A] [B] [C] [D]	76 [A] [B] [C] [D]	80 [A] [B] [C] [D]	84 [A] [B] [C] [D]	88 [A] [B] [C] [D]
53 [A] [B] [C] [D]	57 [A] [B] [C] [D]	61 [A] [B] [C] [D]	65 [A] [B] [C] [D]	69 [A] [B] [C] [D]	73 [A] [B] [C] [D]	77 [A] [B] [C] [D]	81 [A] [B] [C] [D]	85 [A] [B] [C] [D]	89 [A] [B] [C] [D]
54 [A] [B] [C] [D]	58 [A] [B] [C] [D]	62 [A] [B] [C] [D]	66 [A] [B] [C] [D]	70 [A] [B] [C] [D]	74 [A] [B] [C] [D]	78 [A] [B] [C] [D]	82 [A] [B] [C] [D]	86 [A] [B] [C] [D]	90 [A] [B] [C] [D]

3 3 3 3

91 [A] [B] [C] [D]	96 [A] [B] [C] [D]	101 [A] [B] [C] [D]	106 [A] [B] [C] [D]	111 [A] [B] [C] [D]	116 [A] [B] [C] [D]	121 [A] [B] [C] [D]	126 [A] [B] [C] [D]	131 [A] [B] [C] [D]	136 [A] [B] [C] [D]
92 [A] [B] [C] [D]	97 [A] [B] [C] [D]	102 [A] [B] [C] [D]	107 [A] [B] [C] [D]	112 [A] [B] [C] [D]	117 [A] [B] [C] [D]	122 [A] [B] [C] [D]	127 [A] [B] [C] [D]	132 [A] [B] [C] [D]	137 [A] [B] [C] [D]
93 [A] [B] [C] [D]	98 [A] [B] [C] [D]	103 [A] [B] [C] [D]	108 [A] [B] [C] [D]	113 [A] [B] [C] [D]	118 [A] [B] [C] [D]	123 [A] [B] [C] [D]	128 [A] [B] [C] [D]	133 [A] [B] [C] [D]	138 [A] [B] [C] [D]
94 [A] [B] [C] [D]	99 [A] [B] [C] [D]	104 [A] [B] [C] [D]	109 [A] [B] [C] [D]	114 [A] [B] [C] [D]	119 [A] [B] [C] [D]	124 [A] [B] [C] [D]	129 [A] [B] [C] [D]	134 [A] [B] [C] [D]	139 [A] [B] [C] [D]
95 [A] [B] [C] [D]	100 [A] [B] [C] [D]	105 [A] [B] [C] [D]	110 [A] [B] [C] [D]	115 [A] [B] [C] [D]	120 [A] [B] [C] [D]	125 [A] [B] [C] [D]	130 [A] [B] [C] [D]	135 [A] [B] [C] [D]	140 [A] [B] [C] [D]

中国　北京　　国家汉语水平考试委员会印制　G971331

考生特别注意事项

1. 报名时需要带什么?

报名时必须要有护照或身份证、两张相片和报名考试费。

2. 考试时需要带什么?

考生参加考试时必须带：①护照或居留证；②准考证；③铅笔。如果没带准考证或身份证件(护照或居留证)，不能参加考试。中国少数民族考生要带居民身份证。

3. 准考证有什么用?

准考证是参加考试时进入考场的证件，考试以后考生要继续保存。<u>领取 HSK 成绩、查询 HSK 成绩和补办 HSK 成绩单时必须有准考证</u>。

4. 可以用写信的办法报名吗?

可以。考生写信报名时要寄两张照片，写明自己的简历，通过邮局汇款。等考生到达考试地点后，再亲自去取准考证。

5. HSK 证书丢了怎么办?

因为考生自身原因而丢失证书者，不能再补办证书。

6. 有时收不到成绩单是什么原因?

考生收不到成绩单，可能因下述原因：考生代号填写错误；答卷填写得不规范；通讯地址写得不清楚等。另外，考生作弊，将被取消考试资格，也会收不到成绩单。凡因考生自己的原因，收不到成绩单者，考点概不负责。

7. HSK 热线服务：

26856678——咨询、查分、动态信息发布。

中国汉语水平考试(HSK)说明

中国汉语水平考试(HSK)是为测试母语非汉语者(包括外国人、华侨和中国国内少数民族人员)的汉语水平而设立的国家级标准化考试。中国汉语水平考试(HSK)由北京语言文化大学汉语水平考试中心设计研制,包括基础汉语水平考试〔简写为 HSK(基础)〕、初、中等汉语水平考试〔简写为 HSK(初、中等)〕和高等汉语水平考试〔简写为 HSK(高等)〕。中国汉语水平考试(HSK)每年定期在中国国内和海外举办,凡考试成绩达到规定标准者,可获得相应等级的《汉语水平证书》。

中国教育部设立国家汉语水平考试委员会,该委员会全权领导汉语水平考试,并颁发汉语水平证书。委员会下设办公室,称国家汉语水平考试委员会办公室,和北京语言文化大学汉语水平考试中心共同负责 HSK 的考务工作。

1. HSK 的适用对象

HSK(基础)适用于具有基础汉语水平的汉语学习者,也就是接受过 100—800 学时现代汉语正规教育的学习者(包括具有同等学力者)。HSK(初、中等)适用于具有初等和中等汉语水平的汉语学习者,也就是接受过 400—2000 学时现代汉语正规教育的学习者(包括具有同等学力者)。HSK(高等)适用于具有高等汉语水平的汉语学习者,也就是接受过 3000 学时和 3000 学时以上的现代汉语正规教育的学习者(包括具有同等学力者)。

2.《汉语水平证书》的效力

(1) 作为达到进中国高等院校入系学习专业或报考研究生所要求的实际汉语水平的证明。

(2) 作为汉语水平达到某种等级或免修相应级别汉语课程的证明。

(3) 作为聘用机构录用汉语人员的依据。

3. 主办单位和发证机关

HSK 的主办单位是国家汉语水平考试委员会。

具体事务由国家汉语水平考试委员会办公室和北京语言文化大学汉语水平考试中心负责。

4. 考试时间和考点

(1) 中国国内考试时间、考点

● HSK(基础)

① 时间:每年 5 月的第 2 个周日上午 9:00

　　考点:北　　京　北京语言文化大学汉语水平考试中心

　　　　　天　　津　　南开大学汉语言文化学院
　　　　　上　　海　　复旦大学国际交流学院
　　　　　广　　州　　暨南大学华文学院
　　　　　厦　　门　　福建华侨大学(集美)中国语言文化学校
　　　　　成　　都　　四川大学对外汉语教学中心
②时间:每年12月的第3个周日上午9:00
　　考点:北　　京　　北京语言文化大学汉语水平考试中心
　　　　　天　　津　　南开大学汉语言文化学院
　　　　　上　　海　　复旦大学国际交流学院
　　　　　广　　州　　暨南大学华文学院

● HSK(初、中等)
① 时间:每年5月的第2个周日上午9:00
　　考点:北　　京　　北京语言文化大学汉语水平考试中心
　　　　　　　　　　　北京大学对外汉语教学中心
　　　　　　　　　　　北京第二外国语学院国际交流学院
　　　　　　　　　　　北京外国语大学国际交流学院
　　　　　　　　　　　中央民族大学教务处(少数民族)
　　　　　　　　　　　国际青年研修大学
　　　　　　　　　　　北京外交人员语言文化中心
　　　　　　　　　　　北京教育考试院社会考试办公室
　　　　　　　　　　　中国国际技术智力合作公司培训中心
　　　　　　　　　　　北京外企服务集团有限责任公司培训中心
　　　　　上　　海　　复旦大学国际交流学院
　　　　　　　　　　　华东师范大学国际中国文化学院
　　　　　　　　　　　上海外国语大学海外考试中心
　　　　　天　　津　　南开大学汉语言文化学院
　　　　　大　　连　　大连外国语学院汉学院
　　　　　武　　汉　　武汉大学对外汉语教学中心
　　　　　南　　京　　南京大学海外教育学院
　　　　　广　　州　　中山大学外语学院对外汉语教学中心
　　　　　　　　　　　暨南大学华文学院
　　　　　西　　安　　西安外国语学院汉学院
　　　　　昆　　明　　云南省教委外事处
　　　　　长　　春　　东北师范大学对外汉语教学中心

　　　　　济　　南　　山东大学国际教育交流学院
　　　　　厦　　门　　福建华侨大学(集美)中国语言文化学校
　　　　　哈　尔　滨　　黑龙江大学国际文化交流学院
　　　　　桂　　林　　广西师范大学国际交流处
　　　　　成　　都　　四川大学对外汉语教学中心
　　　　　沈　　阳　　辽宁大学外国留学生院
　　　　　郑　　州　　郑州大学文化与传播学院
　　　　　乌鲁木齐　　新疆财经学院汉语水平考试办公室(少数民族)
　　　　　杭　　州　　杭州大学国际文化交流学院
　　　　　青　　岛　　青岛大学国际交流学院
　　　　　南　　宁　　广西民族学院国际交流处
　　　　　长　　沙　　湖南师范大学对外汉语教学部
　　　　　延　　吉　　吉林省延吉州汉语水平考试办公室(少数民族)
　　　　　西　　宁　　青海师范大学教务处(少数民族)
　　　　　呼和浩特　　内蒙古师范大学教务处(少数民族)
② 时间:每年7月的第2个周日上午9:00
　考点:北　　京　　北京语言文化大学汉语水平考试中心
　　　　　　　　　　北京第二外国语学院国际交流学院
　　　　　　　　　　国际青年研修大学
　　　　　　　　　　中国国际技术智力合作公司培训中心
　　　　　　　　　　北京外企服务集团有限责任公司培训中心
　　　　　上　　海　　复旦大学国际交流学院
　　　　　　　　　　华东师范大学国际中国文化学院
　　　　　　　　　　上海外国语大学海外考试中心
　　　　　天　　津　　南开大学汉语言文化学院
　　　　　长　　春　　东北师范大学对外汉语教学中心
　　　　　青　　岛　　青岛大学国际交流学院
　　　　　广　　州　　暨南大学华文学院
　　　　　沈　　阳　　辽宁大学外国留学生院
　　　　　南　　京　　南京大学海外教育学院
　　　　　成　　都　　四川大学对外汉语教学中心
　　　　　西　　安　　西安外国语学院汉学院
　　　　　杭　　州　　杭州大学国际文化交流学院
　　　　　哈　尔　滨　　黑龙江大学国际文化交流学院
③ 时间:每年12月的第3个周日上午9:00

考点:北　　京　北京语言文化大学汉语水平考试中心
　　　　　　　　北京第二外国语学院国际交流学院
　　　　　　　　北京外国语大学国际交流学院
　　　　　　　　中国国际技术智力合作公司培训中心
　　　　　　　　北京外企服务集团有限责任公司培训中心
　　　　天　　津　南开大学汉语言文化学院
　　　　上　　海　复旦大学国际交流学院
　　　　　　　　华东师范大学国际中国文化学院
　　　　　　　　上海外国语大学海外考试中心
　　　　广　　州　暨南大学华文学院
　　　　南　　京　南京大学海外教育学院
　　　　厦　　门　福建华侨大学(集美)华文教育中心
　　　　沈　　阳　辽宁大学外国留学生院
　　　　长　　春　东北师范大学对外汉语教学中心
　　　　大　　连　大连外国语学院汉学院
　　　　西　　安　西安外国语学院汉学院
　　　　杭　　州　杭州大学国际文化交流学院
　　　　济　　南　山东大学国际教育交流学院
　　　　武　　汉　武汉大学留学生教育学院
　　　　哈　尔　滨　黑龙江大学国际文化交流学院
　　　　青　　岛　青岛大学国际交流学院
④ 时间:每年12月的第2个周日上午9:00
　　　乌鲁木齐　新疆财经学院汉语水平考试办公室

● HSK(高等)
① 每年5月的第4个周日上午9:00
　　地点:北京语言文化大学汉语水平考试中心
② 时间:每年5月的第2个周六上午9:00
　　考点:上　　海　复旦大学国际交流学院
　　　　　　　　华东师范大学国际中国文化学院
　　　　　　　　上海外国语大学海外考试中心
　　　　广　　州　广州暨南大学华文学院
　　　　长　　春　东北师范大学对外汉语教学中心
　　　　天　　津　南开大学汉语言学院
　　　　南　　京　南京大学海外教育学院

　　　　　大　　连　大连外国语学院汉学院
　　　　　沈　　阳　辽宁大学外国留学生院
　　　　　青　　岛　青岛大学国际交流学院
　　　　　西　　安　西安外国语学院汉学院
③ 时间:每年5月的第3个周日上午9:00
考点:新疆财经学院汉语水平考试办公室
● 香港:①香港城市大学专业进修学院
　　　　②香港普通话培训测试中心
　　澳门:澳门理工学院
(具体考试时间、收费标准,请向考点咨询)
(2) 海外考试时间和考点
考点:日　　本　东京、大阪、京都、名古屋、福冈、神户、广岛、扎幌、金泽
　　　新加坡　新加坡
　　　澳大利亚　墨尔本、悉尼
　　　加 拿 大　蒙特利尔、温哥华、埃德蒙顿、伦敦市、多伦多
　　　韩　　国　汉城、大邱
　　　德　　国　汉诺威
　　　法　　国　巴黎、波尔多、马赛、雷恩
　　　意 大 利　米兰、威尼斯
　　　菲 律 宾　马尼拉
　　　马来西亚　吉隆坡
　　　泰　　国　曼谷、喃邦
　　　英　　国　伦敦
　　　俄 罗 斯　莫斯科、符拉迪沃斯托克(海参崴)
　　　越　　南　胡志明市、河内
　　　亲 西 兰　奥克兰、惠灵顿、基督城
　　　美　　国　密西根、休斯顿、纽约
　　　芬　　兰　于维斯屈来
　　　奥 地 利　维也纳
　　　瑞　　典　隆德
　　　丹　　麦　奥尔糊斯
　　　比 利 时　根特
　　　匈 牙 利　布达佩斯
考试时间由各考点另告,通讯地址请看海外考点通讯录。

5. 报名手续

(1) 报名时考生需持两张小二寸(40mm×30mm)免冠照片和带照片的本人身份证件(护照或居留证)。

(2) 报名时考生须交一定数额的考试费和报名费。中国国内,HSK(基础):200元人民币(包括70元报名费);HSK(初、中等):250元人民币(包括70元报名费);HSK(高等):400元人民币(包括报名费和阅卷费150元)。(国外考试费用及国内少数民族考试费用由各考点另告)。考试费和报名费一律不退,报名费中包括邮费。考生因自身无法克服的原因,不能按时参加考试时,需在考试前向考点声明,经考点签字盖章后,可保留该生一次考试机会。该生下次考试时只交报名费,免交考试费。

(3) 考生不在考场所在地时,可用信函方式报名。考生应在报名截止日期一周以前将身份证件复印件、简历(姓名、性别、国籍、出生年月日)、详细通讯地址、两张小二寸免冠照片等用挂号信寄到考点报名处,并通过邮局将报名考试费寄给考点报名处。考点一般不接受电话报名。准考证则等考生到达考试地点后亲自领取。

(4) 报名后,各考点发给考生准考证和《中国汉语水平考试考生手册》,考生应按准考证上填写的时间、地点参加考试。

6. 考前准备

HSK是以测量一般语言能力为目的的标准化考试,它不以任何特定教材或特定教程的内容为依据,所以考生无须按特定教材的内容准备考试。为了了解HSK所要求的汉语水平和考试方式,考生要认真阅读《汉语水平考试大纲》(各考点有售)。该大纲是备考的指导用书,书中有HSK介绍、HSK样题、样题答案和HSK词汇一览表,并配有听力考试样题录音带。

考试前,考生必须持准考证和带照片的个人身份证件(身份证、护照或居留证)入场。证件不全者,不能入场。遗失准考证的考生,补办准考证后(补办时需交手续费),才能入场。录音机、照相机、词典、笔记本、教科书及其他与考试无关的用品请不要带入考场。入场时请关闭手机、呼机。

考生迟到在5分钟内(从听力理解考试开始算起),可进入考场应试;迟到5分钟至35分钟者,可待下一项进行时参加考试,所误时间不补;迟到超过35分钟者取消考试资格。

7. 考试中的注意事项

(1) 进入考场后,考生须将准考证和身份证件放在桌子的右上方,以备主考人随时检查;考生的一切活动都应听从主考人的指令。

(2) HSK(基础)考试时间约为135分钟;HSK(初、中等)考试时间约为145分钟,中间没有休息;HSK(高等)考试时间约为180分钟,在笔试后,休息10分钟。考试中途一般不得离场,如有特殊原因,考生需要中途离场,须经主考同意。

(3) HSK严格控制考试时间,考生不能跨区做题,即:应在规定的时间做规定的题目,不能提前做,也不能过了时间再回头补做。

(4) 考生不能把试卷和答卷纸带出考场。

(5) 考生应遵守考试规则,违反者将由主办单位给以警告直至取消考试资格的惩处。

(6) 在回答问题以前,考生应根据本人准考证上的内容在答卷上填写姓名(包括中文和英文)、试卷号码、国籍/民族及代号、考点代号和序号,在性别栏里做出正确选择并画一横道。试卷号码在试卷封面的右上角;国籍/民族代号是考试中心为每个国家或民族编排的固定编码,每次考试都一样。如日本是"525"、法国母"610"等;序号是指考生报名顺序号;考点代号是指考生报名参加考试所在地点的编号。例如:考生木村由子的 HSK 准考证:

填写时,应先把相应数字写在每行左侧的空格内,然后在右侧相应的数字上画一横道。横道要画成[▬]这样。

HSK 准 考 证

姓名	中文	木村由子
	英文	CARL LNDA

序号	0	▬	[1]	[2]	[3]	[4]	[5]	[6]	[7]	[8]	[9]
	0	▬	[1]	[2]	[3]	[4]	[5]	[6]	[7]	[8]	[9]
	8	[0]	[1]	[2]	[3]	[4]	[5]	[6]	[7]	▬	[9]
	4	[0]	[1]	[2]	[3]	▬	[5]	[6]	[7]	[8]	[9]
	1	[0]	▬	[2]	[3]	[4]	[5]	[6]	[7]	[8]	[9]

国籍/民族				日	本					
代号	5	[0]	[1]	[2]	[3]	[4]	▬	[6]	[7]	[8]	[9]
	2	[0]	[1]	▬	[3]	[4]	[5]	[6]	[7]	[8]	[9]
	5	[0]	[1]	[2]	[3]	[4]	▬	[6]	[7]	[8]	[9]

	[A] [B]
性别	■ 男 □ 女

考点代号
1 0 1

考试时间	20010513(2001 年 5 月 13 日上午 9:00)	照片 (盖章)
考试地点	北京语言文化大学主楼南侧三层听力室	
考场号码	第 1 考场	
考生须知	1. 凭准考证和本人身份证件进入考场。 2. 此证不得转让,遗失不补。 3. 考生自带铅笔。 4. 与考试无关的用品(如书包、课本等)不要带入考场。 5. 准时入场。迟到 5 分钟以上,待下一项考试开始时入场;迟到超过 35 分钟取消考试资格。	备注:

中国·北京　　　　　　　　　　　　　　　　　国家汉语水平考试委员会办公室

(7) 回答问题时,应该在表示正确答案的字母上画上横道。横道要画成[▬]这样。

请考生注意:因为是光电阅读机阅卷,横道一定要画得粗一些,重一些,否则阅读机难以识别,凡因考生没有按规定填写、涂画答卷,其成绩受到影响,责任由考生自负。

8.《汉语水平证书》和成绩单的发放

汉语水平证书及成绩单两个月内由考试主办单位寄往各考点承办单位或考生本人。

考试主办单位保留证书和成绩单的时间为三个月,直接来考试主办单位领取证书和成绩单者,若考试后三个月内不来领取,主办单位不再保留。

9. 补发成绩单的规定

因联系学校需补办成绩单者,可在考试成绩有效期之内持准考证前来北京语言文化大学汉语水平考试中心考务办公室办理补办手续。办手续时须交一定数额的手续费、成本费。

10.《汉语水平证书》的有效期

《汉语水平证书》长期有效。HSK 成绩作为外国留学生来华入中国高等院校学习的证明,其有效期为两年(自考试当日算起)。

11. 咨询与服务

北京语言文化大学汉语水平考试中心为海内外人士提供有关 HSK 的咨询、服务。各考点备有样题、《考试大纲》及磁带等资料,考生可前往购买,作为考试参考。

地　　址:北京市海淀区学院路 15 号
通讯地址:北京语言文化大学汉语水平考试中心
邮　　编:100083
电　　话:(010)82303672,(010)82303962
传　　真:(008610)82303901
E-mail:HSK2 @ blcu.edu.cn　　　HSK1 @ blcu.edu.cn
Homepage．http://www.hsk.org.cn　　　http://www.blcu.edu
联 系 人:彭恒利、柴省三　　　(考务办公室)
26856678 汉语水平考试热线服务:
　　咨询、考试查分、动态信息发布

基础汉语水平考试
〔HSK(基础)〕介绍

基础汉语水平考试〔HSK(基础)〕是为汉语初学者设计的一种标准化考试。考试对象是母语非汉语的汉语初学者。凡掌握400—3000汉语常用词(甲、乙级常用词)和与之相应的语法项目(甲、乙级语法项目)的汉语学习者,均适于参加基础汉语水平考试。

一、基础《汉语水平证书》的效力

基础《汉语水平证书》分为A、B、C三级(A级最高,相当于HSK初等C级)。凡考试成绩达到规定标准者,可获得由国家汉语水平考试委员会统一颁发的《汉语水平证书》。基础《汉语水平证书》的效力是:

(1) 作为进入中国高等院校理、工、农、西医类本科学习所要求达到的汉语水平证明(A级)。

(2) 作为免修相应级别汉语课程的证明。

(3) 作为向只需具备基础汉语能力即可胜任工作的用人单位求职时的汉语水平证明。

二、HSK(基础)分数体系

(1) HSK(基础)单项分数在0—100分之间,是一个以50分为平均分,以20为标准差的标准分数。总分为0—300分之间,由单项标准分相加得到。单项标准分反映了应考者在HSK(基础)标准样组中的相对位置。在下表中给出了单项标准分的百分位。表中下面一行是低于相应分数的人在HSK(基础)标准参照样组中所占的百分比。

HSK(基础)单项标准分与百分比的对照表

单项标准分	100	76	67	60	55	50	45	40	33	24
百 分 比	100	90	80	70	60	50	40	30	20	10

(2) HSK(基础)根据总分确定分数等级和证书等级,分数等级划分和证书授予标准见下表:

证书等级		分数等级	总　分
等　级	级　别		
基础证书	C	1级	100—154
	B	2级	155—209
	A	3级	210—300

(3) 获得证书的条件:总分必须达到相对应的最低等级分数。

三、HSK(基础)分数等级的说明

基础汉语水平考试〔HSK(基础)〕的分数等级共分 3 级,分数等级说明如下:

1 级:具有基础(低)汉语能力,能理解简单的语句,表达简单的意见,可进行日常生活、学习方面的初步语言交际。掌握 600 左右汉语常用词和与之相应的语法项目的汉语学习者可达到这一标准,也是获取基础 C 级《汉语水平证书》的标准。

2 级:具有基础(中)汉语能力,可满足基本的日常生活、一定范围的社会交际和一定程度的学习需要,是获取基础 B 级《汉语水平证书》的标准。

3 级:具有基础(高)汉语能力,是进入中国高等院校理、工、农、西医类本科学习的最低汉语能力标准,也是获取基础 A 级《汉语水平证书》的标准。相当于 HSK 初等 C 级水平。

四、HSK(基础)的考试内容和时间

基础汉语水平考试〔HSK(基础)〕的考试时间为 135 分钟,共 140 题,分为听力理解、语法结构和阅读理解三部分,全部为多项选择题。每部分问题只能在规定的时间内完成,不能跨区做题。试卷具体构成如下:

第一部分　听力理解,共 50 题,时间约为 35 分钟。

第二部分　语法结构,共 40 题,时间为 40 分钟。

第三部分　阅读理解,共 50 题,时间为 60 分钟。

《汉语水平证书》的发放和有效期

(1) 汉语水平证书及成绩单两个月内由考试主办单位寄往各考点或承办单位,再由考点或承办单位寄给考生本人或考生自己到报名处领取。
(2) 《汉语水平证书》长期有效。HSK 成绩作为外国留学生来华入中国高等院校学习的证明,其有效期为两年(从考试当日算起)。

考 试 日 期

一、中国国内考试日期

基础汉语水平考试〔HSK(基础)〕在中国国内的考试日期为每年 1 月的第 2 个周日下午 2:30(北京时间)和每年 5 月的第 4 个周日下午 2:30(北京时间)。

初中等汉语水平考试〔HSK(初中等)〕在中国国内的考试为三次,分别是:
1. 每年 1 月的第 2 个周日上午 9:00(北京时间)。
2. 每年 5 月的第 4 个周日上午 9:00(北京时间)。
3. 每年 7 月 25 日上午 9:00(北京时间)。

高等汉语水平考试〔HSK(高等)〕在中国国内的考试为每年一次,即每年 5 月的第 2 个周日上午 9:00(北京时间)。

二、海外考试日期

中国汉语水平考试(HSK)每年在海外的考试日期由中国国家汉语水平考试委员会办公室与海外各承办单位商定(详细情况请参照《考生手册》)。

申请参加 HSK

迄今为止中国汉语水平考试(HSK)已在日本、韩国、新加坡、加拿大、美国、澳大利亚、德国、法国、意大利、菲律宾、马来西亚、泰国、俄罗斯、英国、越南、新西兰和澳门地区等 17 个国家和地区设立考点(具体通讯地址请参考《考生手册》);中国国内已在北京、上海、天津、广州、南京、哈尔滨、长春、沈阳、大连、济南、青岛、西安、武汉、成都、杭州、南宁、厦门、桂林、昆明、乌鲁木齐和香港设立考点(具体通讯地址请参考《考生手册》),以后还将陆续在国内外设立新的考点,考生可根据自己的情况就近报名参加考试,报名时请注意:
(1) 考生需备两张小二寸(40mm×30mm)免冠照片和带照片的本人有效身份证件(护照或居留证)。
(2) 报名时要交一定数额的考试费和报名费(具体数额可向各考点咨询),考试费和报名费一律不退。报名后考生因自身无法克服的原因,不能按时参加考试时,需在考前向考点声明,考点将为考生保留一次考试机会。下次考试时只交报名费,免交考试费。

(3) 考生不在考场所在地时,可通过信函报名。信函报名时,需提供护照复印件、个人简历(中英文姓名、国籍、性别、通讯地址)两张照片,并需通过邮局汇款。报名后,各考点发给考生"HSK 准考证"和《中国汉语水平考试考生手册》(免费)。考生应严格按照"HSK 准考证"上填写的时间、地点参加考试。

(4) 请考生认真阅读《中国汉语水平考试考生手册》,其中有许多重要的信息将帮助考生了解 HSK。

(5) 各考点备有《中国汉语水平考试大纲》、样卷和相应的听力录音磁带,考生可选择购买。

参 加 考 试 时

1. 考生参加考试时必须携带
   ①HSK 准考证 ②护照或居留证 ③铅笔和橡皮。
2. 其它与考试无关的材料不能带入考场。

信 息 咨 询

中国汉语水平考试(HSK)不以营利为目的,欢迎国内外学术团体、科研机构、高等院校和其它有兴趣推广汉语水平考试的汉语教学机构承办中国汉语水平考试。凡要求承办 HSK 的海内外高等院校或学术团体,须具备下列四个条件:

1. **学术性**:承办单位应在学术界具有较大影响和权威地位。
2. **公开性**:承办 HSK 不能仅面对局部或某一团体,而是应该面向全社会,吸引各界前来参加考试。
3. **公益性**:举办 HSK 是一项公益事业,不能把它纳入商业范畴,即不以营利为目的。
4. **承办单位还须准备合格的考场**:HSK 的考场必须宽敞、整洁、明亮、安静,备有电教设备;须有专职的考务工作人员,工作人员须懂汉语。

联系地址和电话
国家汉语水平考试委员会办公室
邮编:100083
电话:(＋＋8610) 62329579
传真:(＋＋8610) 62311093
北京语言文化大学汉语水平考试中心
邮编:100083
电话:(＋＋8610) 62317150
传真:(＋＋8610) 62311037
E-mail:HSK1@blcu.edu.cn
　　　　HSK2@blcu.edu.cn
Homepage:http://WWW.hsk.org.cn

中国汉语水平考试(HSK)
国内考点通讯录

1. 北京语言文化大学汉语水平考试中心
   电话:82303672,82303962
   传真:(010)82303901
   邮编:100083

2. 北京大学对外汉语教学中心
   电话:62751916,62754122
   传真:(010)62757249
   邮编:100871

3. 北京外国语大学国际交流学院
   电话:68428140,68917812
   传真:(010)68428140
   邮编:100081

4. 北京第二外国语学院国际文化交流学院
   电话:65778561,65778562
   传真:(010)65762520
   邮编:100024

5. 中央民族大学教务处(北京)
   电话:68932404,68933439,68932439
   传真:(010)68421862
   邮编:10081

6. 国际青年研修大学(北京)
   电话:64663311-3601、3607,64664803
   传真:(010)64664817
   邮编:100016

7. 北京外交人员语言文化中心
   电话:65323005,65324303,65325639
   传真:(010)65325638
   邮编:100027

8. 北京教育考试院社会考试办公室
   电话:62259995,62273624

传真:62259997
邮编:100081

9. 中国国际技术智力合作公司培训中心
电话:65886021/22/23
传真:(010)65886026
邮编:100020

10. 北京外企服务集团有限责任公司培训中心
电话:65026180,65088287
传真:(010)65946062
邮编:100020

11. 南开大学汉语言文化学院(天津)
电话:23508706,23505902
传真:(022)23501687
邮编:300071

12. 复旦大学国际交流学院(上海)
电话:65642256,65117628
传真:(021)65117298
邮编:200433

13. 华东师范大学国际中国文化学院(上海)
电话:62863896,62232227
传真:(021)62864922
邮编:200062

14. 上海外国语大学海外考试中心
电话:65311900-2584,65170937
传真:(021)65422002
邮编:200083

15. 中山大学外语学院对外汉语教学中心(广州)
电话:84113110
传真:(020)84110233
邮编:510275

16. 暨南大学华文学院(广州)
电话:87205925,87714202-3606
传真:(020)87723598
邮编:510610

17. 南京大学海外教育学院

电话:3593586,3593585

传真:(025)3316747

邮编:210008

18. 西安外国语学院汉学院

 电话:5309600,5309431

 传真:(029)5246154

 邮编:710061

19. 武汉大学留学生教育学院

 电话:87682209,87863154

 传真:(027)87863154

 邮编:430072

20. 四川大学对外汉语教学中心(成都)

 电话:5412813

 传真:(028)5406439

 邮编:610064

21. 浙江大学国际教育学院

 电话:7951386,7951718

 传真:(0571)7951755

 邮编:310028

22. 云南省教委外事处(昆明)

 电话:5141238

 传真:(0871)5141355

 邮编:650223

23. 福建华侨大学(集美)中国语言文化学校(厦门)

 电话:6068014

 传真:(0592)6068002,6068014

 邮编:361021

24. 广西民族学院国际交流处(南宁)

 电话:3260111,3260237

 传真:(0771)3262052

 邮编:530006

25. 广西师范大学国际交流处(桂林)(桂林市育才路15号)

 电话:5850311,5850305

 传真:(0773)5812383

 邮编:541004

26. 山东大学国际教育交流学院(济南)
    电话:8564501
    传真:(0531)8565623
    邮编:250100
27. 青岛大学国际交流学院
    电话:5893863,5895944-8317
    传真:(0532)5894822
    邮编:266071
28. 东北师范大学对外汉语教学中心(长春)
    电话:5685722
    传真:(0431)5683784
    邮编:130024
29. 辽宁大学外国留学生院(沈阳)
    电话:86725296,86736341
    传真:(024)86843356
    邮编:110036
30. 大连外国语学院汉学院
    电话:2801297
    传真:(0411)2648152
    邮编:116002
31. 黑龙江大学国际文化教育学院(哈尔滨)
    电话:6608417
    传真:(0451)6665470
    邮编:150080
32. 郑州大学文化与传播学院
    电话:7763109,7762735
    传真:(0371)7970475
    邮编:450052
33. 湖南师范大学对外汉语教学部
    电话:8872250 8872245
    传真:(0731)8854711
    邮编:410081
34. 新疆财经学院汉语水平考试办公室(少数民族)(乌鲁木齐)
    电话:3716811-2145、2146
    传真:(0991)3716811-2146

邮编:830012
35. 青海师范大学教务处(少数民族)(西宁)
   电话:6307630,6307627
   传真:(0971)6135591
   邮编:810008
36. 内蒙古师范大学教务处(少数民族)(呼和浩特)
   电话:4964444-2501、2303
   传真:(0471)4964887
   邮编:010022
37. 吉林省延边州汉语水平考试办公室(少数民族)(延吉市光华路50号)
   电话:2813934-1
   传真:(0433)2813934-7
   邮编:133000
38. 香港城市大学专业进修学院
   电话:(00852)27889406
   传真:(00852)27887088
39. 香港大学普通话培训测试中心
   电话:(00852)28578330,28578329
   传真:(00852)25409409
40. 澳门理工学院
   电话:(00853)5981157
   传真:(00853)526535

中国汉语水平考试(HSK)
海外考点通讯录

一、日本
1. 东日本事务局
承办单位:日本青少年育成协会(日本 HSK 实施委员会东日本事务局)
联 系 人:胡荣安
通讯地址:〒162-0825　东京都新宿区神乐坂 6-35-1
　　　　　教育センタービル2F
电　　话:0081-06-6857-3397
传　　真:0081-06-3269-8414
　　　　　0081-06-6857-3399

2. 西日本事务局
承办单位:日本全国大学生活协同组合联合会
联 系 人:西垣内义则
通讯地址:〒166-8532　东京都杉并区和田 3-30-22
　　　　　大学生协会馆
电　　话:0081-06-6885-6068
传　　真:0081-03-5307-1205

二、韩国
承办单位:韩中文化协力研究院
　　　　　韩国汉语水平考试实施委员会
联 系 人:李充阳
通讯地址:SEOUL 驿三洞 819-6 河南 B/D 4F
电　　话:0082-2-34524788
专　　真:0082-2-34524787

三、新加坡
承办单位:新加坡中华总商会及新加坡思言学社
联 系 人:卢绍昌或邓莲英
通讯地址:73 Dachess Road 或 47 Hill Street ＃ 09-00
　　　　　Singapore 1026(卢) Singapore 17365(邓)
电　　话:0065-4698687(卢)　3378381(邓)

传　　真:0065-4620750(卢)　3390605(邓)

四、加拿大

1. 温哥华
承办单位:加拿大西蒙弗雷泽大学
联 系 人:王健(Jan W. Walls)
通讯地址:David Lam Centre for Int'l Communication,
　　　　　Simon Fraser University at Harbour Centre,
　　　　　515 West Hastings Street
　　　　　Vancouver, B.C
　　　　　Canada V6B 5K3
电　　话:001-604-2915111
传　　真:001-604-2915112

2. 蒙特利尔
承办单位:McGill University
联 系 人:王仁忠(Bill Wang)
通讯地址:Department of East Asian Studies,
　　　　　McGill University
　　　　　3434 McTavish Street
　　　　　Montreal, PQ.
　　　　　Canada H3A 1X9
电　　话:001-514-3986742 转 6743
传　　真:001-514-3981882

3. 埃德蒙顿
承办单位:阿尔伯达大学东亚系
联 系 人:梁丽芳(Laifong Leung)
通讯地址:Department of East Asian Studies
　　　　　University of Alberta' Edmonton, Alberta
　　　　　Canada T6G 2E6
电　　话:001-403-4922836
传　　真:001-403-4327440

4. 伦敦市、多伦多
承办单位:Department of Economics, Huron College,
　　　　　University of Western Ontario, Canada
联 系 人:吴华(Daniel Xu)

通讯地址:1349 Western Rd.London
　　　　　Canada N6G 1H3
电　　话:001-519-4387224 ext.296(office)
　　　　　001-519-4740107(home)
传　　真:001-519-4383938

五、澳大利亚

1. 墨尔本

承办单位:皇家墨尔本理工大学
联 系 人:陈杨国生
通讯地址:GPO BOX 2476 V,Melbourne,
　　　　　VIC 3001,Australia
电　　话:00613-96604840(office)
　　　　　00613-98850748(home)
传　　真:00613-99254404

2. 悉尼

承办单位:Department of Chinese and Indonesian,
　　　　　The University of New South Walls
联 系 人:Ms.Hans Hendrischke(汉斯)
通讯地址:Department of Chinese,school of Modern
　　　　　Language Studies, Faculty of Arts & Social Sciences, The Uninerssty of New South
　　　　　Walls,N.S.W 2052
电　　话:(612)93852416,93852187
传　　真:(612)93851090
E-mail:H.Hendrischke @ unsw.edu.au

六、德国

承办单位:德国汉诺威中国中心(Chinesisches Zentrum,Hannover E.V)
联 系 人:陶红毅、邱军
通讯地址:Pelikanstr.13.D-30177 Hannover
电　　话:0049-511-62627790
传　　真:0049-511-62627799

七、法国

承办单位:法国汉语教师协会

联 系 人：白乐桑(Joel BELLASSEN)
通讯地址：Association Francaise des Professeurs de Chinois C.R.L.
　　　　　A.O.54,boulevard Raspail 75006 PARIS
电　　话：0033-1-45650965
传　　真：0033-1-44277898

八、意大利

1. 米兰

承办单位：意大利 HSK 考试办公室
联 系 人：兰珊德(LAVAGNINO)
通讯地址：Instituto di Lingue Straniere Via
　　　　　Conservatorio,7-I-20122 Milano
电　　话：0039-02-76074559
传　　真：0039-02-76013007,54101180

2. 威尼斯

承办单位：威尼斯大学中文系
联 系 人：阿比亚蒂、玛柯达
通讯地址：Ca'Soranzo san polo,2169-30125,VENEZIA,ITALY
电　　话：0039-041-5204868
传　　真：0039-041720809

九、菲律宾

承办单位：菲律宾华文教育研究中心
联 系 人：黄端铭
通讯地址：Philippine Chinese Education Research Center,P.O.Box 3154,Manila,Philippines
　　　　　1099
电　　话：0063-2-2511802
传　　真：0063-2-2511802

十、马来西亚

承办单位：董教总华文独中工委会考试局
联 系 人：李华联
通讯地址：Lot 5,Seksyen 10,Jalan Bukit,43000 kajang D.E.Selangor,Malaysia
电　　话：0060-3-87362337-227
传　　真：0060-3-87362779

电子邮件:exam @ djz.edu.my

十一、泰国
承办单位:东方文化书院 Oriental Culture Academy
联 系 人:陈贞煜(Pridee Ksemsap)
通讯地址:87 Charasmuang Rd. Rongmuang. Patumwan. Bangkok 10330, Thailand
电　　话:0066-2-2162828-9
传　　真:0066-2-2162829

十二、俄罗斯
1. 莫斯科
承办单位:莫斯科大学亚非学院中国语文教研室
联 系 人:高辟天教授
通讯地址:(103009)11, Mokhova
　　　　　ya str. Moscow Russia,
　　　　　Department of Chinese Philology,
　　　　　Institute of Asian and African Studies,
　　　　　Moscow State University
电　　话:(007095)339-40-58
传　　真:(007095)203-36-47
2. 远东
承办单位:俄罗斯远东大学东方学院
联 系 人:哈玛托娃、莫德汉
通讯地址:8 SUKHANOVA ST. VLADIVOSTOK 690600 RUSSIA
电　　话:007-4232261280, 259403
传　　真:007-4232257200
电子邮件:idp @ online.ru

十三、英国
承办单位:英国汉语水平考试委员会
联 系 人:陈同度
通讯地址:124 Euston Road London NW1 2AL U.K.
电　　话:0044-171-3888838
传　　真:0044-171-3888828

十四、越南

1. 胡志明市

承办单位：胡志明市师范大学中文系

联 系 人：潘奇南

通讯地址：TRÙ'ÒNG-DAI HOC SU' DHAM THÀNH

PHỐ HỒ CHÍ MINH-KHOA TRUNG VĂN

222 LÊ VĂN SĨ-QUÂN 3. THÀNH PHỐ

HỒ CHÍ MINH-VIỆT NAM

电　　话：0084-8-8493416

传　　真：0084-8-8351180

2. 河内

承办单位：河内国家大学所属外国语大学

联 系 人：吴氏青

通讯地址：NGÔ THI. THANH, KHOA TRUNG

-DAI HOC NGOAI NGŨ'

-DAI HOC QUỐC GIA

CÂU-GIÂY, TÙ-LIÊM

HÀ-NỘI, VIỆT-NAM

电　　话：0084-4-8341031

传　　真：0084-4-8346056

十五、新西兰

承办单位：奥克兰理工学院

联 系 人：梁志华

通讯地址：Zhihua Liang, Senior Lecturer,

School of Languages,

Auckland Institue of Technology,

Private Bag 92006

Auckland 1020 New Zealand

电　　话：00-64-9-9179999 ext.6107

传　　真：00-64-9-9179978

十六、美国

1. 密西根

承办单位：密西根大学
联 系 人：陈青海
通讯地址：ASIAN LANGUAGES AND CULTURES,
　　　　　UNIVERSITY OF MICHIGAN,
　　　　　3070 FRIEZE BUILDING ANN ARBOR
　　　　　MY 48109-1285, USA
电　　话：001-734-7649111(O), 5720227(H)
传　　真：001-734-6470157

2. 纽约

承办单位：纽约大学
联 系 人：何文潮，焦晓晓
通讯地址：Faculty of Arts and Science,
　　　　　East Asian Studies Program 715 Broadway,
　　　　　3rd Floor New York, NY 10003-6806, USA
电　　话：001-212-9989068、9989065
传　　真：001-212-995462

3. 休斯顿

承办单位：休斯顿大学亚美研究中心 HSK 委员会
联 系 人：邹亚莉
通讯地址：Yali zou, Director of HSK Committee,
　　　　　Asian American Studies Center,
　　　　　450 Farish Hall University of Houston,
　　　　　TX 77204 U.S.A
电　　话：001-713-743-9863
传　　真：001-713-743-9836

十七、奥地利

承办单位：维也纳大学汉学系
联 系 人：奥托·罗致德
电　　话：0043-1-4277-43601
传　　真：0043-1-4277-9-436
E-mail：Sinologie @ univie.ac.at

十八、芬兰
承办单位：于维斯屈莱大学语言中心
　　　　　（Language Centre, University of Jyvaskyla）
联 系 人：李臻怡
通讯地址：Main Campus, Building Oppio
　　　　　P.O.Box35
　　　　　Fin-40351 Jyvaskyla, Finland
电　　话：00358-14-601554
传　　真：00358-14-601541

十九、比利时
承办单位：根特大学
联 系 人：巴得胜
通讯地址：BLANDIJNBERG 2-9000 GENT, BELGIUM
电　　话：0032-9-2644156
传　　真：0032-9-2644194

二十、瑞典
承办单位：隆德大学
联 系 人：罗斯
通讯地址：LUND UNIVERSITY, P.O.B.792, SE-22007 LUND, SWEDEN
电　　话：
传　　真：0046-46-2224432

二十一、丹麦
承办单位：奥尔胡斯大学东亚学院，
　　　　　丹麦丹中桥语言服务公司
联 系 人：杨晓珑
通讯地址：FREDENSGADE 12, 8382, HINNERUP, DEMARK
电　　话：0045-86986788
传　　真：0045-86986718
电子邮件：china.link @ image.dk

二十二、匈牙利
承办单位：罗兰大学

联 系 人：Dr. Imre Hamar
通讯地址：Department of East Asian Studies,
         Eotvos lorand University,
         H-1088 Budapest Muzenum Krt. 4/B, Huangary
电   话：0036-1-2660858
传   真：0036-1-2665699

图书在版编目(CIP)数据

HSK模拟试题集.基础/吴叔平,田桂文,王德佩编著.
北京:华语教学出版社,2001.4

ISBN 7-80052-777-8

Ⅰ.H… Ⅱ.①吴…②田…③王… Ⅲ.对外汉语教学-
水平考试-试题 Ⅳ.H195-44

中国版本图书馆 CIP 数据核字(2001)第 14137 号

汉语水平考试(HSK)模拟试题集(基础)

主　　编	红　尘	
策　　划	单　瑛	
责任编辑	曲　径	
封面设计	纸飞机	
绘　　图	纸飞机	
出　　版	华语教学出版社	
社　　址	北京百万庄大街 24 号	邮政编码　100037
电　　话	(010)68995871　68326333	
传　　真	68326333	
印　　刷	北京市宏文印刷厂	
经　　销	全国新华书店	
开　　本	16 开(787×1092)	
印　　数	1—8000	印　张　11.25
版　　次	2001 年 9 月第 1 版第 1 次印刷	
标准书号	ISBN 7-80052-777-8/G·384(外)	
定　　价	29.00 元	

版权所有　侵权必究